세 가지 질문에 답하는 리더십 고찰

정리합시다

정리합시다
세 가지 질문에 답하는 리더십 고찰

발행일 2024년 05월 31일
지은이 서승종

발행처 인디펍
발행인 민승원
출판등록 2019년 01월 28일 제2019-8호
전자우편 cs@indiepub.kr
대표전화 070-8848-8004
팩스 0303-3444-7982

정가 23,000원
ⓒ 서승종
ISBN 979-11-6756567-9 (03320)

세 가지 질문에 답하는 리더십 고찰

정리합시다

리더는 무엇을 해야 하는가

조직을 어떻게 이끌 것인가

우리는 어디를 향해 가는가

프롤로그

몇 년 전에 새해 처음 출근하는 현장 직원들에게 신년사 형식의 글을 적어서 이메일로 보낸 적이 있다. 새해를 맞이하는 직원들에게 몇 가지 당부를 하면서 리더로서의 내 다짐도 적었다. 내 직장 생활은 물론 인생 철학이 모두 담겨있다고 자부하는 글이다. 이후 여러 지인에게 읽어 보라고 그 글을 보내주곤 했다.

최근에 그 글을 받아본 분이 평생의 교육자료로 쓰겠다며 감사의 문자를 보내왔다. 갑자기 책을 쓰고 싶어진 때가 그때이다. 물론 그 글은 굉장히 길다. 하지만, 그 글 속에 담겨 있는 내 생각과 철학을 글로부터 온전히 알 수는 없을 것이라는 생각이 들었다. 해설이 필요할 것 같아서 책을 쓰기 시작했다.

그 글은 다섯 꼭지로 구성되어 있다. 직원들에 대한 당부는 팀원 간의 화합, 치밀한 업무 수행, 기록 관리와 후배 육성으로 구성되어 있다. 이후 리더로서의 내 다짐으로 다섯 꼭지가 마무리된다.

이 책은 그 다섯 꼭지별로 세부 주제들을 도출하여 정리하였다. 마지막에 나의 인생에 대한 고민을 담아 '의미 있는 삶'이라는 꼭지를 추가하였다. 그 글을 쓴 지 몇 년이 지났고 또 직장도 바뀌면서, 새롭게 생각하고 실천하고 있는 주제들도 있기에 각 꼭지에 추가하였다.

책을 쓰고 나니 "리더는 무엇을 해야 하는가? 조직을 어떻게 이끌 것인가? 우리는 어디를 향해 가는가?"라는 세 가지 질문에 대해서 어느 정도 답을 할 수 있게 되었다. 그러면서 또 다른 생각을 하게 되었다. 완벽한 리더는 없다. 단지 노력할 뿐이다.

푸른 오월이 가기 전에 책을 완성할 수 있어서 기쁘다. 연로하신 부모님, 사랑하는 아내와 세 아이들, 오늘의 내가 있게 은혜를 베풀어 준 모든 이들에게 고마움을 전하고 싶다. 글을 쓸 수 있어서 행복했다. 글을 계속 쓸 생각에 가슴이 설렌다.

2024년 5월

서승종

직원들에게 보낸 글

희망찬 새해가 밝았습니다.

지난해가 우리 프로젝트 수주를 통한 프리콘 시작과 초기 업무 수행을 위한 해였다면, 올해는 프리콘 업무의 성공적인 완료와, 착공 이후 초기 공사를 위한 해입니다. 초기 6명으로 시작된 팀원도 이번 달 말에는 20여 명에 이를 것입니다. 지난 한 해 어려운 여건 속에서도 각자 소임을 다하여 준 팀원 여러분께, 깊은 존경과 감사의 말씀을 드립니다. 그와 함께 새해를 맞이하여 몇 가지 당부 말씀을 드리고자 합니다. 이는 팀원들에 대한 당부이자 조직의 리더인 저의 다짐이기도 합니다.

첫째는 팀원 간의 화합입니다. 화합은 배려와 존중을 통해서 이룰 수 있습니다. 우리 한 사람 한 사람은 모두 가정에서 자랑스러운 자식이며, 소중한 배우자이자, 존경받는 부모입니다. 가족의 소중한 일원입니다. 직장은 또 하나의 가족과 같은 공동체라 할 수 있습니다. 오히려 가족보다 더 많은 시간을 같이 보내고 소통하며 밥을 먹는 경우가 많습니다. 이러한 공동체 생활에 있어서 팀원 간에 반목과 질시, 고압적인 업무 지시나 강요, 인격 모독이나 비방 등이 있으면, 팀원은 회복할 수 없는 실망과 좌절을 겪을 위험이 커집니다. 화합이 없으면 업무 성과의 저하는 물론이고, 인권의 침해나 자존감의 상실이 생겨날 수 있습니다. 이는 팀원의 사회생활은 물론 가정생활의 위기까지도 될 수 있습니다. 극단적으로는 조직을 떠나거나 평생 잊지 못할 상처를 입는 경우도 있습니다. 서로 배려하고 존중하는 팀으로 만들어 주십시오. 저부터 솔선수범하겠습니다. 일을 하면서 업무에 의해서든 사적인 이유든 스트레스가 증가하고, 다른 팀원 때문에 화가 나거나 짜증이 날 수 있지만, 그렇더라도 소설 '주홍글씨'에 나오는 그 팀원의 'Sanctity of the Human Heart'는 건드리지 말아 주십시오. 일전에 공유했던 동영상의 메시지를 다시 한번 말씀드립니다. "If you can't treat someone with dignity and respect, then you need to get out!"

둘째는 치밀한 업무 수행입니다. 치밀한 업무 수행을 통한 업무 효율성 제고는 조직 운영의 근간입니다. 각종 검토 자료나 보고서를 작성할 때 다양한 각도에서 검토하고, 가능한 많은 참고 자료를 파악하십시오. 직접 경험만이 중요한 것은 아닙니다. 회사 내 자료나 포털 검색, 또는 전문업체의 홈페이지나 기술 자료 등 가용한 모든 자원을 동원하면, 충분히 직접 경험 못지않은 경험을 할 수 있습니다. 자료는 우리 주변 어디에도 있지만, 이를 어떻게 찾아내고 공부하고 당면한 업무에 활용하느냐가 관건입니다. 치밀하게 준비하고 고민하며 자료를 찾고, 이렇게 찾은 자료를 이해하고 내 것으로 만들면, 이는 곧 본인의 경험이 될 것이며 업무의 효율성을 높이는 계기가 될 것입니다.

아울러, 효율적인 회의 운영에 힘써 주십시오. 꼭 필요한 회의가 아니면 이메일 공유 등을 이용하십시오. 저부터도 불요불급한 회의는 하지 않을 것이며, 팀원들과의 개별 협의나 이메일 공유 등을 활용하겠습니다. 회의가 필요하다면 회의 안건에 대한 사전 준비와 공유, 30분 이내로 끝낼 수 있는 밀도 있는 회의 운영, 회의 이후 최단 시간 내 회의록 공유가 필요합니다. 설계사를 포함한 여러 조직과의 회의체를 운영함에 있어서도, 밀도 있게 준비하고 회의하고 정리하는 조직 문화를 만들어 갑시다. 모두의 시간은 소중합니다. 불필요한 회의에 시달리지 않고 집중 근무의 효율성을 높일 수 있을 것입니다. 치밀한 업무 수행은 각자의 업무 만족도를 높일 것입니다.

셋째는 기록 관리입니다. 흔히 건설회사를 평가할 때 경험 인력과 실적을 지표로 삼습니다. 프리콘과 데이터센터 두 가지를 동시에 수행하는 우리 프로젝트가, 회사에서 중점적으로 추진하는 향후 데이터센터 사업에 있어 중대한 도약대가 될 것입니다. 경험 인력이 늘어날 것입니다. 기존의 데이터센터 실적에 우리 프로젝트 실적이 추가됩니다. 그렇지만 경험 인력과 실적보다 중요한 것은, 프로젝트를 수행하면서 축적된 자료들이라고 생각합니다. 경험 인력을 늘리는 것은 한계가 있습니다. 실적은 신기루와 같아서 인력과 자료가 남아 있지 않으면 의미가 없습니다. 기록 관리가 충실히 이루어진다면 간접 경험을 통해, 직접 경험 인력 못지않은 인력들이 프리콘과 데이터 센터를 이해할 수 있을 것입니다. 인력과 실적의 결과물은 기록일 수밖에 없는 것입니다. 저는 우리 프로젝트를 마치고 나면 프리콘과 데이터 센터에 대한 백서를 쓰고 싶다고 여러 차례 밝혔습니다. 기본 지식이 부족한 아무라도 우리가 만든 자료만을 가지고, 충분히 프리콘과 데이터센터 사업을 성공적으로 수행할 수 있도록 하고 싶습니다. 이는 곧 개인의 발전이고 회사의 발전이 될 것입니다. 문서 번호 부여를 통한 체계적인 자료 관리, 문서 생성 일자를 활용한 파일 이름 관리, 카테고리별 폴더 관리, 효율적인 이메일 관리 등을 통하면, 일단 제삼자도 자료에 쉽게 접근할 수 있을 것입니다. 쉽게 찾을 수 없거나 아예 존재 자체를 모르는 자료는 자료로서의 의미가 없습니다. 치밀한 업무 수행에 추가하여 효율적인 기록 관리를 부탁드립니다. 우리 모두 기록 관리 전문가인 'Archivist'가 되었으면 합니다.

넷째는 후배 육성입니다. 변경된 호칭에 따라 우리 모두 리더들입니다. 리더의 가장 큰 책무는 후배들의 역량 강화를 위한 교육입니다. 소장

산하에 건축 기계 전기 모두 총괄 업무를 수행하는 책임급이 있고, 산하에 전임급들이 있습니다. 소장은 물론이고 총괄 책임급들은, 모두 산하 직원들의 육성에 대한 책임이 있습니다. 나이가 많든 적든 경험이 많든 적든 역량이 높든 낮든, 리더로서 산하 직원들을 교육해야 합니다. 리더의 말 한마디, 문서나 이메일의 문장 하나, 그리고 행동 하나하나가 후배들의 배움의 지표가 될 수 있습니다. 리더로서 후배의 교육에 대한 책임이 있다는 것을 항상 잊지 맙시다. 먼저 공부하고 먼저 고민하며, 먼저 경험하여 후배들을 가르칩시다. 향후에 우리 팀에 합류할 다른 직원들의 역량 강화에도 도움이 될 수 있도록 합시다. 저부터도 솔선수범하여 후배 교육에 힘쓰겠습니다. 지금의 전임급들도 현재는 내가 후배일 수 있지만, 다음 프로젝트부터는 내가 리더가 되어 후배들을 가르쳐야 한다는 사실을 명심합시다. 특히나 우리 프로젝트처럼 프리콘 업무와 특수 건물인 데이터 센터를 동시에 수행하는 경우에는, 가르침과 배움이 중요합니다. 백범 김구 선생님이 인용한 서산대사의 禪詩입니다. "눈 내린 길을 걸을 때 함부로 걷지 마라. 오늘 내가 남긴 발자국이 훗날 다른 사람에게 이정표가 될 것이다."

마지막으로 저의 다짐을 적습니다. 베트남 전쟁을 소재로 한 영화 'We Were Soldiers'에서 출정을 앞둔 부대원들에게 지휘관인 무어 중령이 다짐한 내용 중 일부입니다. "When we go into battle I will be the first to set foot on the field and I will be the last to step off. And I will leave no one behind. 우리가 전투에 투입되면 내가 맨 먼저 적진을 밟을 것이고, 내가 맨 마지막에 적진에서 나올 것이며, 단 한 명도 내 뒤에 남겨두지 않겠다." 조직의 리더인 소장으로서 저는 누구보다 앞장서서 솔선수범하여 업무를 수행할 것이며, 단 한 사람의 낙오자도 없도록 모두를 지원하겠습니다. 조직의 화합을 위해 힘을 쏟을 것이며, 실무적으로 일하면서 치밀한 업무 수행과 기록 관리에 모범을 보이겠습니다. 모두의 역량 강화를 위해 저부터 노력하겠습니다.

우리가 프리콘과 데이터센터의 역사를 새로 쓰는 유일한 조직입니다. 우리는 할 수 있습니다. 자신감을 갖고 갑시다. 소장을 믿고 갑시다. 우리가 어벤져스입니다.

새해 복 많이 받으시고, 여러분 가정에 건강과 행복이 언제나 가득하기를 기원합니다. 감사합니다. -끝-

목차

3장   기록 관리

6 장   의미 있는 삶

1장   팀원 간의 화합

직장은 또 하나의 가정이다

"직장은 또 하나의 가정이다."라는 개념은 팀원들에게 보낸 글의 첫 번째 꼭지인 '팀원 간의 화합'에 나온다. 조직의 일원인 우리 한 사람 한 사람은 모두 가정에서 자랑스러운 자식이며, 소중한 배우자이자 존경받는 부모이다. 직장은 또 하나의 가정과 같은 공동체로서, 우리는 많은 시간을 직장에서 보내면서 동료들과 함께 일하고 밥을 먹는다. 오히려 가족보다 더 오랜 시간을 같이 보내는 경우가 많다. 이러한 환경에서는 서로가 의지하고 신뢰하는 관계가 필수적이다. 상사는 부모와 같이, 동기는 배우자와 같이, 후배는 자식이나 동생과 같이 생각하면서 서로 아끼고 인격을 존중하며 화합을 이뤄야 한다.

인격을 존중하지 않는 부정적인 요소들은 팀원 간의 관계를 손상하고, 업무 환경을 악화시킬 수 있다. 더 나아가 심리적인 고통과 자존감의 상실을 초래할 수도 있다. 공동체 생활에서 팀원 간에 반목과 질시, 고압적인 업무 지시나 강요, 인격 모독이나 비방 등이 있으면, 그 팀원은 회복할 수 없는 실망과 좌절을 겪을 위험이 크다. 화합과 존중이 없으면, 업무 성과의 저하는 물론 인권의 침해나 자존감의 상실이 발생할 수 있다. 이는 팀원의 사회생활뿐만 아니라 가정생활에도 위기를 초래할 수 있다. 극단적으로는 조직을 떠나거나 평생 잊지 못할 상처를 입는 일도 있다.

인격을 존중한다는 것은 서로의 다름을 인정하고 이해함을 의미한다. 모든 사람은 자신만의 가치와 경험이 있으며, 이 다양성을 존중받고 싶어 한다. 강요나 지시가 아닌 신뢰와 존중을 통한 업무 협력이 필요하다. 이를 통해 보람차고 즐거운 조직 생활을 이어갈 수 있다. 인격을 존중하는 것은 상호 간의 소통과 이해를 증진하는 것도 포함한다. 열린 마음과 존중하는 자세로 대화하고 소통함으로써, 오해와 갈등을 예방하고 서로를 더 잘 이해하고 지지할 수 있다.

직장을 또 하나의 가정으로 여기고, 팀원 간의 화합과 존중을 바탕으로 한 관계를 형성하는 것이 중요하다. 이러한 환경은 개인과 조직 모두에게 긍정적인 영향을 미치며, 더 나은 성과와 만족스러운 직장 생활을 가능하게 할 것이다. 직장에서의 화합과 존중은 조직의 성공과 팀원의 행복을 위한 핵심 요소이다.

식구

    언젠가 보았던 TV 드라마의 한 장면이 떠오른다. 아들이 가출 후 오랜 시간 방황하다가 집에 돌아왔다. "어디에 있었냐? 뭐 했냐? 왜 그랬냐?"라는 어머니의 타박이 한동안 이어질 때 아버지는 잠자코 옆에 앉아 있었다. 한참이 지나도록 아들이 묵묵부답을 이어가고, 어머니의 한숨과 원망이 잦아들 때 아버지가 아들에게 묻는다. "밥은 먹었냐? 밥 먹자." "아니, 지금 당신은 이 상황에서 밥 먹자는 말이 어떻게 나와요?" "우리는 한 식구잖소. 밥 먹읍시다."

    식구(食口)라는 단어가 있다. 밥을 같이 먹는 사람이라는 뜻이다. 가족의 또 다른 표현이다. 나는 식구라는 표현을 자주 사용한다. "우리 시공사 식구들은 잘할 겁니다." 다른 말로 바꾸면 "우리 시공사 직원들은 잘할 겁니다."이다. 직원이나 팀원이라는 표현도 쓰지만 일부러 식구라는 표현을 사용하기도 한다. 게다가 '우리' 식구라고 표현한다. 팀원은 가족과 같은 공동체의 일원이라는 생각에서 우러나오는 표현이다.

    직장이나 사회적 관계에서 동료는 우리의 또 다른 식구와 같다. 우리는 하루의 대부분을 직장에서 보내며, 동료들과 함께 밥을 같이 먹고 일을 하고 대화를 나누고 있다. 이들은 우리의 일상생활에서 떼어놓을 수 없는 존재이며, 때로는 진정한 가족과도 같은 역할을 하기도 한다.

가족과 같은 동료들과 함께 업무를 수행할 때, 우리는 서로를 아껴주고 배려하며, 함께 성장하고 발전하는 과정에서 서로를 더욱 신뢰할 수 있다. 이는 팀의 화합과 성과에 중요한 역할을 한다. 우리는 팀원들의 역량과 다양성을 이해하고 서로를 격려하며, 함께 문제를 해결하고 성공을 경험함으로써 더욱 단단한 팀을 이룰 수 있다.

따라서, 리더는 팀원들에게 동료들을 가족과 같이 대하자고 강조할 필요가 있다. 가족이라는 인식은 서로를 존중하고 배려하며, 팀의 목표를 달성하기 위해 협력하는 과정에서 중요한 요소로 작용하기 때문이다. 가족과 같은 동료들과 함께하는 시간은, 우리가 서로를 이해하고 발전시키는 데 큰 도움이 될 것이다. 그리고 이렇게 화합된 팀은 어떤 어려움이든 극복할 수 있고, 더 나은 성과를 이룰 수 있을 것이다.

Sanctity of the human heart

'Sanctity of the human heart'는 19세기 미국의 소설가 너대니얼 호손 (Nathaniel Hawthorne, 1804~1864)의 소설 《주홍글씨(Scarlet Letter)》에 나오는 문구 중 하나이다. "We are not, Hester, the worst sinners in the world. There is one worse than even the polluted priest! The old man's revenge has been blacker than my sin. He has violated, in cold blood, the sanctity of a human heart. Thou and I, Hester, never did so!" 이 문구는 인간의 마음에는 언제나 인간의 존엄성이 훼손되지 않아야 할 영역이 있음을 의미한다. 어떤 상황에서도 존중되어야 하는 성역이 존재한다는 것이다.

소설 《주홍글씨》는 사회적 편견과 윤리적 문제를 다루는데, 이 문구도 그러한 맥락에서 중요한 역할을 한다. 작품의 주인공인 Hester Prynne이 마음속에 감추고 있던 비밀인, 'A(Adultery, 간통죄)'라는 주홍색 글자의 의미가 해명되는 과정에서, 인간의 내면적인 감정과 욕망, 그리고 인간성의 본질에 대한 이해와 존중을 중요하게 강조한다.

이 문구는 각 인물의 내면에는 그들만의 복잡한 감정과 생각이 있다는 것을 암시하며, 그것을 존중함으로써 인간성을 더욱 깊게 이해하고 사회적 윤리를 실천할 수 있음을 강조한다. 즉, 사람들은 각자의 마음속에 존재하는 존엄성과 다양성을 오롯이 존중하고 이해해야 한다. 이를 통해 서로를 더욱 인간적으로 대할 수 있고, 편견이나 인격 침해를 극복할 수 있다는 메시지를 전달한다.

인간관계에서 배려와 존중은 매우 중요하다고 생각한다. 우리는 상대방의 감정과 욕망을 이해하고, 그것을 존중함으로써 서로를 인간적으로 대해야 한다. 서로를 배려하고 존중함으로써 화합을 이루고, 긍정적인 관계를 형성할 수 있기 때문이다.

다음은 2017년 미 공군 사관학교 교장인 Jay Silveria 중장이 기숙사 건물 내부에 쓰인 인종 비하 메시지를 발견한 후, 학생들을 모아 놓고 했던 연설 내용 중 일부이다. "If you can't treat someone with dignity and respect, then you need to get out. If you can't treat someone from another gender, whether that's a man or a woman, with dignity and respect, then you need to get out. If you demean someone in any way, then you need to get out. And if you can't treat someone from another race or a different color skin with dignity and respect, then you need to get out!"

글로리

2022년 넷플릭스를 통해 공개된 드라마 '더 글로리'가 있다. 고등학교 시절 끔찍한 괴롭힘을 당한 주인공이, 성인이 되어 치밀하고 처절한 복수를 한다는 것이 줄거리이다. 주말에 잠깐 초반부를 보게 되었는데, 폭력과 인간 존엄의 말살이 너무 적나라하게 표현되기에, 아예 볼 마음을 접었던 기억이 난다. 원래 TV 보는 것을 즐기지 않는 데다가 내용이 너무 마음을 불편하게 했기에, 제목이 왜 '글로리'인지 깊이 생각해 볼 기회는 없었다.

그러다가 그 글로리를 '유시민의 알릴레오 북스'에서 다시 들을 수 있었다. 고 노무현 대통령이 자신의 글로리를 지키고 싶었을 것이라는 유시민 작가의 설명을 들었다. 그때 생각했다. 우리 모두에게는 마지막까지 지키고 싶은 글로리가 있는 것이다. 이는 'Sanctity of the human heart'와 같은 개념이라고 이해할 수 있었다.

직장 생활에서 서로의 글로리는 존중하고 지켜야 한다고 생각한다. 존중과 배려를 통해 그 사람의 글로리를 보호해야 하는 것이다. 모든 사람은 각자의 인생에서 중요한 가치를 가지고 있다. 그것은 개인의 존엄성과 자부심, 그리고 자신만의 성취감을 포함한다. 이러한 글로리는 한 사람의 정체성과 삶의 방향을 결정짓는 중요한 요소다. 따라서 우리는 타인의 글로리를 존중하고 보호해야 하는 것이다.

누군가의 글로리를 존중하는 것은 작은 배려에서 시작된다. 또한 다른 방법은 공감과 이해를 바탕으로 한 커뮤니케이션이다. 타인의 입장에서 생각하고 그들의 경험과 감정을 이해하려고 노력하는 것이다. 이는 갈등을 줄이고, 협력을 증진하는 데 매우 중요한 역할을 한다. 또한, 글로리를 존중하는 것은 인간 존엄성을 지키는 중요한 행위이다. 우리가 모두 서로의 글로리를 존중하고 보호하는 문화를 만들어갈 수 있었으면 한다.

프란치스코 교황님의 말씀 'Amoris Laetitia(사랑의 기쁨)' 138항에 다음과 같은 내용이 나온다. "상대방을 진정으로 중요하게 여기는 습관을 기르십시오. 이는 상대방을 소중히 여기며, 그가 살아가고 스스로 생각하며 행복할 권리를 인정하는 것을 의미합니다. (중간 생략) 이러한 이유로 우리는 상대방의 입장이 되어 그들의 마음을 깊이 들여다보고, 그들의 깊은 고민을 이해하며, 그러한 고민을 출발점으로 하여 더 깊은 대화를 나눌 수 있도록 노력하여야 합니다."

자존감을 높이자

자존감, 자신감, 자만심, 그리고 자존심은 모두 비슷비슷한 의미의 단어로 이해할 수 있지만, 이들은 엄밀히 서로 다른 의미를 지니고 있다. 인간관계를 유지해야 하는 우리의 내적 세계에서 중요한 역할을 하고 있기에, 이들의 서로 다른 의미를 이해하고 구별해서 사용해야 한다.

'자존감'은 있는 그대로의 자신을 존중하는 것이다. 설령 조금은 부족한 점이 있더라도, 이를 기꺼이 이해하고 존중하는 마음이다. 외부의 평가에 휘둘리지 않고 자신의 가치를 인정하는 것이다. 높은 자존감은 어떤 상황에서도 자신을 비하하거나 원망하지 않도록 뒷받침한다.

'자신감'은 우리가 자신을 높게 평가하고 자신에 대한 믿음을 가지는 것이다. 무엇이든지 해낼 수 있다는 믿음에서 비롯된다. 자존감과 더불어 긍정적인 요소를 많이 지닌 감정이지만, 때로는 자신감이 넘쳐서 생겨난 자만심 때문에 물의를 일으키거나 실패를 경험할 수 있다. 자신감이 부족하면 건전한 대인 관계를 유지하기 힘들고, 어떤 일을 함에 있어서 쉽게 포기하거나 시도 조차도 하지 않을 수 있다.

'자만심'은 지나친 자신감으로부터 비롯된다. 때로는 무모한 일을 추진하기도 하고, 반면에 아예 하지 않고 방치하는 경우도 생겨난다. 실패나 문제가 발생할 수 있는 사안을 안일하게 생각하고 추진하거나, 문제가 발생하여도 이를 대수롭지 않게 여기고 방치할 수 있다.

'자존심'은 상대방으로부터 존중받고자 하는 감정이다. 자존감을 해치지 않는 것은 물론, 자신감을 계속 유지할 수 있을 정도로 인정받고 지키고 싶은 감정인 것이다. 외부적인 요인에 의해 형성되며, 자신의 가치를 외부적인 것으로부터 파악하려는 경향이 있는 사람들이 주로 지닌다.

마음이 건강한 사람이 되기 위해서는 있는 그대로의 나를 존중하는, 자존감이 가장 먼저 바탕이 되어야 한다고 생각한다. 부정적인 감정을 경험하는 것은 피할 수 없지만, 자신에게 자비롭게 대하고 자신의 강점과 장점은 물론 약점도 인정함으로써, 내적으로 안정감을 얻을 수 있을 것이다.

이십여 년 전에 건축시공기술사 시험에 합격하고 학원에서 합격 수기 영상을 촬영할 때, 자신감의 정의를 칠판에 적었던 기억이 난다. 지금 생각해 보니 자존감과 자신감의 정의를 섞어서 표현한 것 같다. 그날 내가 칠판에 적은 자신감의 정의는 "나는 내가 좋다! 나는 나를 사랑한다! 나는 나를 믿는다!"였다.

나는 나를 사랑합니다

부족한 '나'라고 해도

내가 나를 사랑해주세요.

이 세상 살면서

이렇게 열심히 분투하는 내가

때때로 가엾지 않은가요?

친구는 위로해주면서

나 자신에게는

왜 그렇게 함부로 대하는지.

내 가슴을 토닥이면서

<u>스스로에게</u>

사랑한다고 말해주세요.

나는 나를 사랑합니다.

다른 사람들에게 치여 상처받았던

나는 나를 사랑합니다.

남들 보기엔 좀 부족해 보일 수 있어도

나는 지금 이대로의 나를

많이 아끼고 사랑합니다.

혜민 스님의 글이다. "나는 나를 사랑합니다."라는 구절은 우리가 자신을 받아들이고 인정하는 것이 얼마나 중요한지를 알려준다. 때때로 우리는 자신을 너무 신경 쓰지 않거나 비하하기도 하는데, 이 글은 그것을 뛰어넘어서 자신을 사랑하고 받아들이는 것의 중요성을 강조한다.

"이 세상 살면서 이렇게 열심히 분투하는 내가 때때로 가엽지 않은가요?" 자기 사랑은 완벽함을 추구하는 것이 아니라, 우리가 가진 모든 면을 있는 그대로 받아들이고 인정하는 것이다. 우리는 모두 완벽하지 않으며 실수를 범하기도 한다. 그러나, 그것이 우리가 사랑받을 가치가 없다는 것을 의미하지는 않는다고 생각한다. 오히려 우리는 우리 자신을 사랑함으로써 더 나은 사람이 될 수 있기 때문이다.

"내 가슴을 토닥이면서 스스로에게 사랑한다고 말해주세요. 나는 나를 사랑합니다." 하루를 시작하며 내게 말한다. "나는 나를 사랑합니다."

쾌족

"당신은 지금 행복합니까? 현재 당신은 만족합니까?" 행복은 우리가 삶을 살아가면서 추구하는 중요한 가치 중 하나이다. 행복의 의미와 개념에 대한 논의는 다양한 시대와 문화를 거쳐 이루어졌으며, 그 의미와 개념은 때로는 막연하고 추상적인 것으로 여겨지기도 했다. 우리가 행복을 이야기할 때는 보통 외부적인 요소들, 특히 단어의 의미 자체인 행운과 복에 따라 결정되는 것으로 생각하는 것이 대부분이다. 또한, 우리는 행복을 자신의 삶에 대한 만족감, 성취감, 혹은 사람들로부터 인정받았을 때 느끼는 뿌듯함과 같은 감정으로 이해한다. 앞으로 계속 추구해야 할 목표나 가치로 여긴다.

그러나 행복의 본질에 대한 고찰을 통해, 나는 행복이란 실제로 쾌족(快足)에 더 가깝다는 것을 발견할 수 있었다. 쾌족은 사서삼경(四書三經) 중 하나인 대학(大學)에 나오는 단어로서, 지금 즐겁고 만족스럽다는 의미를 지니고 있다. 현재의 순간을 즐기고, 그 안에서 희열과 만족을 느끼는 것을 의미한다. 반면에 행복은 종종 장기적인 만족감과 연관되어 있고, 외부적인 요인에 의해 영향을 받을 수 있다.

　이러한 관점에서 볼 때, 행복과 쾌족을 대비하며 생각해 볼 필요가 있다고 생각한다. 행복은 우리가 일상적으로 표현하고 인식하는 개념이지만, 그 안에는 운이나 환경적 요인들이 작용한다는 의미가 내포되어 있다. 좋은 느낌이 들며 이의 결과에 따라 "나는 지금 행복한 삶을 살고 있구나."라고 생각하는 것이다. 그에 비해 쾌족은 현재의 즐거움과 만족에 집중하며 자신의 삶을 살아가는 것을 강조한다. 우리가 현재의 순간을 즐기고, 그 안에서 희열과 만족을 찾는 것을 의미한다.

　우리가 살아가면서 추구해야 할 목표를 고려할 때, 쾌족이라는 개념은 매우 의미 있다고 생각한다. 우리는 종종 장기적인 목표나 성취에 집중하여 행복을 추구하기 쉽지만, 쾌족은 우리가 현재의 순간을 즐기고 삶의 소중함을 깨닫는 것에 초점을 맞춘다. 행복을 추구하는 과정 그 자체나 그 순간에 느끼는 만족감은, 일시적인 것이므로 행복이라고 부르기 어렵다. 오히려 그때그때의 쾌족이 누적되어 어느 순간 나는 행복하다는 감정이 생겨난다고 할 수 있다.

　지금 이 순간을 즐기고 최대한 활용하라는 의미의 "Carpe diem"이, 결국 장기적인 행복보다는 현재의 쾌족을 추구하라는 말과 비슷하다고 생각한다. 날마다 하고 싶은 말이다. "나는 지금 쾌족하다."

2장   치밀한 업무 수행

프로메테우스의 불

몇 해 전에 담당했던 프로젝트의 명칭은 'EPOCH'였다. EPOCH의 영어 사전 뜻은 '중요한 사건이나 변화가 일어난 시대, 새 시대, 신기원'이다. 월요일 회의 준비를 위해 팀원들에게 이메일을 보내면서 '프로메테우스의 불'을 언급했다. 프로메테우스가 제우스 몰래 불을 인간에게 전해 준 이후 문명의 발전이 있었다. 인류 문명은 불 이전과 이후로 나뉠 수 있듯이, 불은 인류 문명이 획기적으로 발전할 수 있도록 계기가 된 것이다. 춥고 어두운 동굴에서 추위와 배고픔, 들짐승들에 대한 공포에 떨던 인류가, 불을 발견하고 나서야 이 모든 공포에서 해방된 것이다.

그날 이메일에 적었던 나의 바람은 다음과 같다. "글로벌 CSP들에게 EPOCH는 단어 뜻 그대로, 인류의 불처럼 신기원을 이루는 그 시발점이 되었으면 합니다. 데이터센터의 역사는 EPOCH 이전과 이후로 나뉠 것이라는 호언은 과연 저의 허언으로 끝날까요? 우리에게도 마찬가지였으면 합니다. 먼 훗날 여기 있는 팀원 중 한 사람만이라도, '내 직장 생활에 있어서 큰 분기점은 EPOCH 데이터 센터입니다. 인류 문명이 불의 이전과 이후로 나뉘듯이, 내 직장 생활은 EPOCH 이전과 이후로 나뉠 수 있습니다. 조직 생활, 업무 역량, 자료 관리, 리더십 등 여러 가지를 배우고 익힐 수 있어서, EPOCH 프로젝트 덕분에 나의 직장 생활에 있어 큰 전환점을 맞았습니다. 프로메테우스를 통해 불을 받아 든 인류처럼, 내 인생의 중요한 분기점을 맞이할 수 있었습니다.'라는 정도의 말만 해 줄 수 있다면 소장은 만족합니다."

프로메테우스가 선물한 불이 인류 문명에 큰 전환점을 만든 것처럼, 우리 일상에서의 작은 행동도 때로는 미래에 큰 영향을 미칠 수 있다고 생각한다. 오늘의 우리가 하는 작은 선택이 내일의 우리와 주변에 영향을 미칠 수 있음을 잊지 말아야 한다. 오늘의 노력과 꾸준한 학습이 내일의 성공과 발전을 이끌 수 있다. 작은 습관의 변화도 나중에는 큰 성취로 이어질 수 있으므로, 우리는 항상 매 순간 최선을 다해야 한다.

나도 오늘의 작은 행동이 미래를 바꾸는 첫걸음이나 전환점이 될 수 있으니, 매 순간 최선을 다하고자 한다.

아는 만큼 경험한 만큼 의도한 만큼

"아는 만큼 경험한 만큼 의도한 만큼, 알아듣고 읽고 말하고 쓸 수 있다는 것이 나의 평소 지론이다. 이 사전을 읽는 이들이 건설과 데이터센터에 대해서 조금이라도 더 알게 되고, 간접적으로나마 경험할 수 있었으면 한다." 내가 집필한 《건설 영어 약어 사전》의 프롤로그에 있는 글귀다. 아는 바가 있어야 제대로 알아듣는다. 경험한 내용이어야 정확히 알아듣는다. 의도한 바가 있어야 들은 내용을 취사선택하여 대화를 계속하거나, 보다 더 전략적인 사고로 대응을 할 수 있다. 내용을 알고 있는 것, 경험한 것, 의도한 것에 따라, 우리는 제대로 된 듣기, 읽기, 말하기와 쓰기를 할 수 있는 것이다.

우선, 알고 있는 것은 소통의 기반이다. 우리는 자신이 알고 있는 정보나 지식을 바탕으로 타인과 소통한다. 언어를 배우고 사용함으로써 우리는 서로에게 생각을 전달하고 정보를 교환할 수 있다. 알고 있는 것이 많을수록 우리는 다양한 주제에 관해 이야기하고, 상대의 말과 글을 보다 더 효율적으로 이해할 수 있을 것이다.

내가 건설 영어 약어에 대한 해설을 주제로 책을 쓴 이유도, 용어나 약어에 대한 공통된 이해가 선행되어야 효과적인 의사소통이 가능할 것이라는 믿음이었다. 정의나 개념을 모르거나 난생처음 접하는 용어를, 어떻게 이해하고 더 전문적인 내용의 대화를 이어갈 수 있겠는가?

둘째, 경험한 것은 우리의 이해를 더욱 깊게 해준다. 경험은 우리가 얻는 가장 소중한 교훈이며, 다양한 상황에서 경험을 쌓을 수 있다. 예를 들어, 여행을 통해 다른 문화를 경험하거나, 업무를 통해 실무적인 경험을 쌓음으로써, 우리는 새로운 시각을 얻게 될 수 있다. 경험은 우리의 시야를 넓히고, 다양성을 이해할 수 있게 도움을 준다.

마지막으로, 의도한 것은 우리의 의사를 명확하게 전달할 수 있도록 해준다. 우리가 의도한 바를 정확하고 명확하게 표현함으로써, 타인은 우리의 의도를 이해하고 적절히 대응할 수 있다. 아울러, 막연하게 대화를 이어가는 것보다는 본인의 의도를 계속 생각하면서, 전략적인 대화를 유도할 수도 있을 것이다. 어찌 됐든 대화에는 목적이 있는데, 그 목적을 잊지 않기 위해서 의도한 바를 계속 상기시키는 것이다.

알고 있는 것, 경험한 것, 의도한 것에 따라서 더 나은 소통과 이해를 이룰 수 있으며, 이는 우리의 인간관계와 성공을 위한 핵심적인 요소로 자리 잡을 것이라고 믿는다.

이 말을 지금 해야 하는가

유시민 작가가 강조하는 말하기 전의 세 가지 고민, "옳은 말인가? 지금 필요한 말인가? 그리고 친절한 말인가?"는 말하기에 있어서 매우 중요한 원칙이라 생각한다. 이러한 접근법은 우리의 말과 행동이 상대방에게 긍정적인 영향을 미칠 수 있도록 도와줄 것이기 때문이다.

첫째, "옳은 말인가?"를 고민하는 것은 말의 진실성과 정확성을 중요시하는 것이다. 우리가 말하는 내용이 사실에 근거하고, 잘못된 정보를 전달하지 않는지 확인하는 과정이다. 옳은 말을 하는 것은 신뢰를 구축하는 데 필수적이다. 잘못된 정보나 거짓말은 신뢰를 무너뜨리고 관계를 해칠 수 있다. 따라서, 우리는 말하기 전에 우리의 말이 진실에 부합하는지 반드시 확인해야 한다.

둘째, "지금 필요한 말인가?"를 고민하는 것은 말의 시기와 상황을 고려하는 것이다. 아무리 옳은 말이라도 상황에 맞지 않으면 부적절할 수 있다. 예를 들어, 누군가가 힘든 시기를 겪고 있을 때 비판적인 말을 하는 것은 도움이 되지 않는다. 이때는 위로와 격려가 더 필요할 것이다.

상황과 맥락을 고려하여 지금 필요한 말을 하는 것은, 상대방에게 더 큰 공감을 줄 수 있다.

셋째, "친절한 말인가?"를 고민하는 것은, 말의 어조와 표현 방식을 중요시하는 것이다. 같은 내용이라도 어떻게 말하느냐에 따라 상대방이 받는 느낌은 크게 달라질 수 있다. 친절하고 배려심 있는 말은 상대방에게 긍정적인 영향을 미치고, 관계를 강화하는 데 도움이 된다. 반면, 무례하고 공격적인 말은 상대방에게 상처를 주고 갈등을 초래할 수 있다. 친절한 말을 사용하면 우리는 상대방에게 존중과 배려를 전달할 수 있다.

"옳은 말인가? 지금 필요한 말인가? 그리고 친절한 말인가?"라는 세 가지 질문은, 우리가 말하기 전에 반드시 고려해야 할 중요한 원칙들이라고 생각한다. 이러한 원칙을 통해 우리는 말의 진실성과 적절성을 유지하고, 상대방에게 긍정적인 영향을 미칠 수 있을 것이다. 우리의 말이 단순한 정보 전달을 넘어, 상대방에게 위로와 격려, 그리고 신뢰를 줄 수 있도록 하는 것은 매우 중요하다. 이러한 고민을 통해 우리는 더 나은 소통을 이루고, 건강한 인간관계를 형성할 수 있을 것이다.

눈을 마주치며 이야기한다

나는 대화하거나 회의할 때 가능하면 상대방과 눈을 마주치려고 노력한다. 내 얘기를 듣는 사람이나 말을 하는 사람의 눈을 쳐다보면서, 같이 호응하고 때로는 동의의 의미로 고개를 끄덕인다. 해외 생활에서 익힌 추임새를 넣는 방법도 쓴다. "그렇죠. 네. 맞아요. 오케이."

눈을 보면서 이야기하는 것은 서로를 이해하고 소통하는 중요한 방법의 하나라고 생각한다. 눈은 우리의 감정과 생각을 전달하는 중요한 비언어적 수단으로서, 상대방에게 호응과 관심을 전달하는 큰 역할을 한다. 눈을 통해 우리는 말로 표현하지 않아도 상대방의 감정을 읽고, 그들의 진심을 느낄 수 있다. 이는 인간관계에서 상호 이해와 공감을 증진하는 중요한 요소라고 생각한다.

눈을 마주치는 것은 단순한 시각적 접촉을 넘어, 신뢰와 연결의 상징이다. 두 사람이 눈을 마주치면, 그들은 서로에게 집중하고 있다는 신호를 보내는 것이다. 상대방의 말에 진지하게 귀 기울이고 있다는 표현이며, 그에게 관심이 있다는 것을 나타낸다. 이렇듯 눈을 마주치는 행동은 인간관계의 깊이를 더해준다. 예컨대, 공감이 필요한 상황에서 대화를 나눌 때 눈을 마주치는 것은, 상대에게 내가 당신을 진정으로 이해하고 있으며, 당신의 감정을 중요하게 생각한다는 메시지를 전달할 수 있다.

자신감이 부족하거나 거짓말을 하는 사람들은 종종 눈을 피하거나 마주치지 않는다. 그들은 상대방의 시선을 피하면서, 말하는 데 어려움을 겪는다. 이는 불안감, 죄책감, 혹은 숨기고 싶은 무언가가 있다는 것을 암시하는 경우가 많다. 예를 들어, 아이들이 잘못을 저질렀을 때 부모의 눈을 피하는 경우가 많은데, 이는 그들이 자신의 행동에 대해 죄책감을 느끼고 있다는 신호인 것이다.

눈을 피하는 것은 신뢰와 솔직함을 전달하지 못한다는 메시지일 수 있다. 대화할 때 눈을 피하면 상대방은 내가 그들에게 완전히 개방적이지 않다는 느낌을 받을 수 있다. 이는 오해를 낳고 나아가 신뢰 관계를 약화할 위험이 있다. 신뢰는 모든 인간관계의 기초이며, 눈을 피하는 행동은 그 신뢰를 훼손할 수 있기 때문이다. 따라서 우리는 대화할 때 상대방과 눈을 마주치는 노력을 기울여야 한다. 이는 단지 예의의 문제가 아니라, 진정한 소통과 관계 형성을 원한다는 표현이기 때문이다.

결론은 태도이다

　말하기와 듣기에서 태도는 무엇보다 중요하다. 우리의 태도는 상대방에게 전달하고자 하는 메시지는 물론, 상대방의 이야기를 어떻게 받아들일지에도 큰 영향을 미친다. 결국, 말하기와 듣기의 핵심은 태도에 달려 있다고 볼 수 있다.

　먼저, 말하기에서의 태도는 우리의 의도를 전달할 수 있다. 상대방을 존중하고 이해하려는 태도를 보이면, 상대방은 우리의 말을 더 열심히 듣고 긍정적으로 받아들일 것이다. 예를 들어, 상대방의 의견에 공감하고 그들의 감정을 인정하는 태도로 말할 때, 우리는 더 효과적으로 소통할 수 있다. 따뜻한 시선과 미소, 긍정적인 어조는 상대방에게 우리가 그들을 존중하고 있음을 알리는 중요한 신호이다. 반면, 무시하거나 비하하는 태도를 보이면, 상대방은 우리의 말을 무시하거나 거부할 우려가 높다. 부정적인 태도는 오해와 갈등을 초래할 수 있다. 따라서, 말하기에서는 상대방을 존중하고 이해하려는 태도가 중요하다.

　듣기에서도 태도는 핵심적인 역할을 한다. 진정으로 상대방의 말을 듣고자 하는 태도는, 신뢰와 소통을 증진할 수 있기 때문이다. 예를 들어, 상대방의 눈을 바라보고 고개를 끄덕이는 등의 비언어적 신호를 통해, 우리는 상대방의 말을 경청하고 있음을 표현할 수 있다. 이런 행동은 상대방에게 우리가 그들의 말에 관심이 있으며, 그들을 존중하고 있다고 느끼게 한다. 반면, 듣는 척하면서 딴생각하거나 무관심한 태도를 보이면, 상대방은 우리의 진정성을 의심하게 된다. 이는 대화를 방해하고 관계를 약화할 수 있다.

태도의 중요성은 일상적인 대화뿐만 아니라, 갈등 상황에서도 두드러지게 나타난다. 갈등 상황에서 상대방의 입장을 존중하고, 그들의 감정을 이해하려는 태도를 유지할 때, 문제를 더 효과적으로 해결할 수 있다. 공격적이거나 방어적인 태도는 갈등을 심화시킬 뿐이다. 대신, 열린 마음으로 상대방의 말을 경청하고 공감하려는 태도는, 서로 간의 신뢰를 회복하고 갈등을 해결하는 데 중요한 역할을 한다.

말하기와 듣기에서 태도는 소통의 성공 여부를 결정짓는 중요한 요소이다. 상대방을 존중하고 진심으로 이해하려는 태도를 유지함으로써, 우리는 더 효과적이고 진정성 있는 소통을 이룰 수 있을 것이다. 말하기와 듣기의 핵심은 태도에 있으며, 우리의 의사소통을 더욱 풍요롭게 만들고 인간관계를 강화하는 데 중요한 역할을 한다.

경청

경청(傾聽)은 대화와 소통에서 중요한 요소이다. 이는 단순히 상대방의 말을 듣는 것을 넘어서, 상대의 의견과 감정을 진심으로 이해하고 공감하는 것을 의미한다. 우리는 종종 자신의 의견을 피력하는 데에 치중한 나머지, 상대의 말을 충분히 듣지 않는 경향을 보인다. 하지만 진정한 소통은 양쪽이 서로를 경청하고 존중하는 것에서 시작된다.

경청은 상대방의 말을 집중해서 듣고, 그들의 입장을 이해하려는 노력을 포함한다. 이는 단순히 말소리를 듣는 것이 아니라, 그 말 속에 담긴 감정과 의도를 파악하는 것을 의미한다. 예를 들어, 친구가 어려움을 털어놓을 때, 그들의 말을 끝까지 듣고 공감하는 것은 그들에게 큰 위로가 될 것이다. 반면, 말을 중간에 끊거나 자신의 경험만을 이야기하면, 상대방은 무시당한다고 느낄 수 있다.

상대의 말에 귀를 기울이고 이를 이해하려는 노력은, 상호 간의 신뢰와 존중을 증진시킨다. 상대방이 자신의 의견을 인정받고 이해된다고 느끼면, 그들은 더 개방적이고 솔직하게 소통하게 될 것이다. 이는 관계를 더욱 깊고 의미 있게 만든다. 또한, 경청은 갈등을 예방하고 해결하는 데에도 중요한 역할을 한다. 상대방의 입장을 충분히 듣고 이해하면, 오해가 줄어들고, 서로의 차이를 더 잘 조율할 수 있게 되기 때문이다.

경청은 또한 자신의 견해를 표현할 때 더 큰 효과를 발휘하게 한다. 상대방의 말을 충분히 듣고 난 후에 자신의 의견을 제시하면, 그 의견은 더 큰 무게를 가지게 된다. 이는 단순히 의견을 전달하는 것 이상으로, 상대방과의 신뢰를 바탕으로 한 소통을 의미한다. 경청을 통해 우리는 상대방의 시각을 이해하고, 우리의 시각을 더 명확하게 전달할 수 있다.

프란치스코 교황님의 말씀 'Amoris Laetitia(사랑의 기쁨)' 137항에 다음과 같은 내용이 나온다. "시간, 소중한 시간을 내주십시오. 이는 상대방이 말하고자 하는 모든 것을, 인내심을 가지고 주의 깊게 들을 준비가 되어 있다는 것을 의미합니다. 적절한 순간이 올 때까지 말하지 않고 기다릴 줄 아는 참을성이 필요합니다. 우리는 의견을 제시하거나 충고하기보다는, 상대방이 말하고자 하는 모든 것을 확실히 들었다는 것을 확신해야 합니다. 이는 정신적 또는 감정적 방해 없이 상대방의 말을 들을 수 있게 하는, 내면의 침묵을 키우는 것을 의미합니다. 서두르지 말고, 자신의 필요와 걱정을 모두 제쳐두고 공간을 만드세요."

팔짱은 끼지 말자

　회의나 대화를 할 때, 나는 상대방의 태도를 관찰하는 습관을 갖고 있다. 말할 때는 물론 들을 때도, 상대가 어떤 자세를 취하는지 살펴본다. 대화하기 싫은 사람의 태도 중 가장 거슬리는 것은, 팔짱을 끼고 다리를 꼰 다음 몸을 뒤로 젖히는 것이다. 이러한 자세는 상대방에게 부정적인 인상을 줄 수 있으며, 이는 소통에 있어 걸림돌이 될 수 있다.

　팔짱을 끼는 행위는 여러 가지 이유로 부정적으로 비칠 수 있다. 첫째, 팔짱을 낀 자세는 방어적이거나 폐쇄적인 태도로 해석될 수 있다. 이는 상대방에게 마음을 닫고 있거나, 대화에 관심이 없다는 신호로 받아들여질 수 있다. 중요한 회의에서 팔짱을 끼고 앉아 있는 사람은, 다른 사람들에게 자신의 의견에 대한 수용성이 낮다는 인상을 줄 수 있다.

　둘째, 다리를 꼬고 몸을 뒤로 젖히는 자세는 무례하거나 경멸적인 태도로 비칠 수 있다. 이는 상대방의 말을 경청하지 않고, 자신이 우위에 있다는 느낌을 주기 때문이다. 대화 상대방이 이러한 태도를 보일 때, 우리는 그들이 우리를 존중하지 않는다고 느낄 수 있다.

이러한 부정적인 인식을 극복하기 위해서는, 몇 가지 개선 방법이 필요하다고 생각한다. 먼저, 열린 자세를 유지하는 것이 중요하다. 팔짱을 푸는 것만으로도 상대방에게 더 개방적이고 수용적인 태도를 전달할 수 있다. 또한, 몸을 앞으로 기울여 상대방의 말에 더 적극적으로 귀 기울이는 모습을 보이는 것이 좋다. 이는 상대방에게 우리가 그들의 말을 진지하게 듣고 있다는 신호를 보내는 것이다.

둘째, 비언어적 소통을 개선하기 위해 눈 맞춤과 미소를 활용하는 것이 좋다. 이는 상대방에게 우리가 관심과 존중을 가지고 있음을 전달하는 효과적인 방법이다. 또한, 긍정적인 피드백을 주는 것도 중요하다. 상대방의 말을 반복하거나 요약하여, 그들이 말한 내용을 이해하고 있음을 보여주는 것이 좋다.

팔짱을 끼는 행위는 대화와 소통에 있어 부정적인 영향을 미칠 수 있다. 이러한 태도를 극복하기 위해 열린 자세를 유지하고, 비언어적 소통을 개선하는 노력이 필요하다. 이를 통해 우리는 더 효과적이고 긍정적인 소통을 이룰 수 있으며, 상대방과의 관계를 더욱 강화할 수 있다. 팔짱을 끼지 않는 것은 단순한 자세 교정이 아니라, 소통의 질을 높이는 중요한 요소라고 생각한다.

두괄식으로 말한다

"소장님?" (응?)

"제 친한 고등학교 동창이 이번 주 토요일에 결혼합니다." (응.)

"그 친구와는 중학교 때부터 같은 반이었습니다." (그렇구나!)

"회사 입사하고 지금까지 연락이 되는 몇 안 되는 친구 중 하나입니다."
(그 정도야?)

"토요일 예식인데 웨딩 포토는 목요일에 찍기로 했습니다." (그런데?)

"목요일에 친구들이 시간을 못 내서, 할 수 없이 제가 도와줘야 할 것 같
습니다." (그럼 어떡하지?)

"목요일엔 중요한 일정이 없으니, 제가 자리를 비워도 될 것 같은데요?"
(음! 문제없을 것 같은데)

"목요일 하루 월차 냈으면 합니다." (야이.....결국 월차 내겠다는 얘기를
지금까지 이렇게 얘기한 거야?......)

  현장 직원이 소장실에 찾아와서 위와 같이 얘기를 한다고 생각해 보
자. 괄호 안은 소장의 생각이나 대답을 유추해서 적은 내용이다. 소장도

인내심이 대단하다고 생각한다. 아마 보통 사람들은 위와 같이 얘기하면 듣다가 바로 짜증을 냈을 것이다. 직원은 결국 목요일 월차 내겠다는 얘기를 하려고 했는데, 본인 나름대로 배경을 설명하고 요지를 꺼내려고 했겠지만, 듣는 사람은 계속 "이 사람이 도대체 뭘 말하려는 거지?" 하며 인내심을 갖고 기다려야 된다.

두괄식으로 말했을 때는 어떨까? "소장님. 목요일에 월차를 냈으면 합니다." (응. 그래. 무슨 일 있니?) "친구가 토요일에 결혼하는데 이번 목요일에 웨딩 포토를 찍습니다. 도와줄 친구들이 없어서 제가 가서 도와주려고 합니다." (그래. 알았다. 다녀와라.)

두괄식으로 말하기는 효과적인 커뮤니케이션의 핵심이다. 많은 정보와 의견이 빠르게 전달되는 현대 사회에서, 핵심을 명확하고 강력하게 먼저 전달하는 것은 매우 중요하다. 특히, 수많은 보고와 정보를 접하면서 신속하게 의사 결정을 해야 하는 리더는, 두괄식으로 말하는 팀원을 선호할 수밖에 없다. 두괄식으로 말하기는 핵심 내용을 먼저 소개하고, 그 후에 세부 내용이나 근거를 부연 설명하는 방식이기에, 리더는 초반에 보고의 의도를 파악하고 의사 결정을 준비할 수 있다. 아울러, 두괄식으로 전달된 사항들에 대한 질문을 이어 가면서, 보고자의 종합적인 의도를 파악할 수 있게 된다.

비유를 활용한다

"현장소장은 아버지이고 관리팀장은 어머니와 같습니다. 앞으로 대외 업무는 현장소장이 챙기지만, 관리팀장께서 팀원들을 보살피고 안살림을 잘 해주십시오." 시공사 직원들과의 첫 만남에서 내가 했던 말이다. 시공사 직원들의 조직 구조와 업무 분담을 알기에, 그들을 가정에서의 아버지와 어머니로 비유한 것이다.

비유를 활용하여 메시지를 전달하는 것은, 복잡한 개념이나 추상적인 목표를 이해하기 쉽고 생동감 있게 전달할 수 있는 효과적인 방법이다. 비유는 상상력을 자극하고, 듣는 이의 관심을 끌며, 복잡한 아이디어를 간단하고 명확하게 전달할 수 있도록 도와주기 때문이다.

비유는 추상적인 개념을 구체적이고 친숙한 이미지로 변환시킴으로써 이해를 돕는다. "현장소장은 아버지이고 관리팀장은 어머니"라는 비유는, 조직 내 역할을 쉽게 이해할 수 있게 한다. 아버지가 대외적으로 가정을 대표하고, 어머니가 가정을 내적으로 돌보는 역할을 한다는 비유는, 각자의 책임과 역할을 명확히 구분하는 데 도움이 된다. 팀원들이 각자의 역할을 더 잘 이해하고 수행할 수 있도록 도울 수 있기 때문이다.

또한, 비유는 메시지를 더욱 생동감 있게 만들고, 듣는 이의 관심을 끈다. 단순히 직무 역할을 설명하는 것보다 비유를 사용하면 청중의 상상력을 자극하고, 그들의 기억에 오래 남을 수 있다. 비유는 일종의 이야기이며, 사람들은 이야기를 통해 더 쉽게 배우고 기억한다. 이처럼 생동감 있는 비유는 복잡한 정보를 더 쉽게 전달하고 이해시킬 수 있다.

더 나아가, 비유는 복잡한 아이디어를 간단하고 명확하게 전달하는 데 탁월하다. "안살림을 잘 해주십시오."라는 표현은 관리팀장이 팀의 내부 운영을 잘 관리하고, 팀원들을 돌보는 역할을 맡는다는 것을 간단하게 설명한다. 이 비유를 통해 관리팀장의 구체적인 역할과 기대되는 행동이 명확해진다. 건설 현장의 조직 구조나 업무 분담을 모르는 사람도, 간단하고 명확하게 이해를 할 수 있게 만든다.

비유를 활용하는 것은 메시지를 명확하고 생동감 있게 전달하는 강력한 도구이다. 비유는 청중의 상상력을 자극하고, 관심을 끌며, 복잡한 아이디어를 이해하기 쉽게 만든다. 이를 통해 우리는 더 효과적으로 소통하고, 메시지를 전달할 수 있다. 비유는 단순한 수사학적 기법이 아니라, 이해와 소통을 증진하는 중요한 도구라고 생각한다.

좋은 의견입니다

"좋은 의견입니다."라는 말은 팀원들과 대화하거나 회의할 때 내가 자주 쓰는 말이다. 비록 나와 다른 의견이거나, 조금은 논리가 부족하거나, 아예 이해를 잘못한 의견이라도 먼저 긍정을 표한다. "좋은 의견입니다."라는 말을 먼저 하는 것은 대화를 긍정적인 분위기로 이끌어가는 좋은 전략이라고 생각한다. 이는 상대방의 의견을 존중하고 인정함으로써 대화의 자유로움을 유지하고, 협력적인 분위기를 조성하는 데 큰 도움을 준다. 이를 대화나 회의에 적용함으로써 얻을 수 있는 효과들은 다음과 같다.

첫째, 개방적인 분위기를 조성할 수 있다. "좋은 의견입니다."라는 긍정적인 피드백을 통해, 회의 참여자들에게 자신의 의견을 자유롭게 제시하도록 장려하는 효과를 얻을 수 있다. 이를 통해 더 다양한 의견이 제시되고 건설적인 토론이 이루어질 수 있다. 참여자들은 자기 생각을 말할 때 더 큰 자신감을 가지게 되며, 회의의 질을 높이는 데 기여한다.

둘째, 의견의 다양성을 증진할 수 있다. 다양한 의견이 존중되고 인정받는다는 인식을 회의 참여자들에게 줄 수 있다. 이를 통해 참여자들이 자신의 다양한 관점을 공유하고, 더 성과 지향적인 의견을 제시하는 데 도움을 줄 수 있다. 다양한 의견은 문제 해결에 있어 새로운 접근법을 제공하며, 더 창의적인 해결책을 도출하는 데 중요한 역할을 한다.

셋째, 긍정적인 피드백 문화를 구축할 수 있다. "좋은 의견입니다."라는 긍정적인 말을 통해, 회의 참여자들에게 피드백을 주고받는 문화를 유도할 수 있다. 이를 통해 의사 결정 과정을 개선하고, 팀의 성과를 향상하는 데 도움을 받을 수 있다. 긍정적인 피드백은 팀원 간의 신뢰를 높이고, 협업을 더욱 원활하게 만든 효과도 가져온다.

넷째, 자신의 의견을 더욱 솔직하게 표현할 수 있다. "좋은 의견입니다."라는 긍정적인 피드백을 받았을 때, 회의 참여자들은 자신의 의견을 더욱 솔직하고 자유롭게 표현할 수 있게 된다. 이를 통해 더 나은 아이디어를 도출하고, 팀의 성과를 향상시킬 수 있다. 자유로운 의견 교환은 팀 내에서 혁신적인 아이디어가 발전하는 데 중요한 역할을 한다.

"좋은 의견입니다."라는 긍정적인 피드백은 대화의 효율성을 높이고, 팀의 협업을 강화하는 데 도움이 될 수 있다. 이는 개방적이고 협력적인 분위기를 조성하며, 의견의 다양성을 장려한다. 긍정적인 피드백 문화를 구축하며, 자유로운 의견 표현을 촉진하여 팀의 성과를 높인다.

영어 사용을 줄인다

"발주처의 pain point와 needs를 정확히 define한 후에 우리 proposal을 준비하였습니다." 이게 무슨 말인가? 시공사가 제안서를 회의실 화면에 띄워 놓고 시작한 말이다. 해외 업무를 오래 해서 물론 단어들이 익숙하지만, 그렇다고 이렇게까지 영어를 섞어 가며 이야기해야 하는지 의문스럽다.

대화 중 영어 단어나 외래어를 계속 섞어서 말하는 것은, 사안을 정확하게 이해하기 어렵게 하고 대화의 효율성을 저해할 수 있다. 대화의 목적은 정확한 의사 전달과 상호 이해이다. 영어 단어를 자주 섞어서 사용하면 상대방이 내용을 이해하기 어려운 경우가 생기며, 의사소통이 원활하지 않을 수 있다. 예를 들어, 상대방이 잘 모르는 영어 단어나 약자를 사용하면 오해와 혼동을 야기할 수 있으며, 이는 엉뚱한 해석에 따른 시간과 자원 낭비를 초래할 수 있다.

영어 단어를 자주 사용하는 행동은 대화의 흐름을 끊을 수 있다. 상대방이 영어를 이해하지 못하거나, 영어로 된 단어나 문장에 익숙하지 않다면 추가로 설명이 필요할 수 있다. 그렇다고 해서 듣는 사람이 그 단어가 무슨 뜻이냐고 물어보기도 힘든 것이 일반적이다. 이에 따라 대화의 흐름이 중단되고 이해하기 어려워질 수 있다. 우리말로도 충분히 설명가능한데, 굳이 영어를 사용함으로써 불필요한 설명이 필요해지는 것이다. 영어 단어 사용을 줄이는 것은 이해도를 높이고 대화를 원활하게 해주며, 불필요한 오해를 방지할 수 있게 도움을 준다.

대화 중 영어 단어를 많이 쓰는 이유 중 하나는, 우리말의 어휘력이 부족해서 정확한 단어를 떠올리지 못하는 경우이다. 굳이 어려운 전문 용어가 아니어도 적절한 비유를 들거나, 일반적인 용어로 풀어서 이야기하면 충분히 의사 전달이 가능하다.

또한, 책임을 회피하려는 의도에서 영어를 사용할 수 있다. 이해를 달리할 수 있는 영어 단어를 사용한 후, 나중에 문제가 생겼을 때 "내가 그때 말했던 영어 단어의 의미는 그런 것이 아니었어."라고 피해서 갈 수있는 것이다. 영어 단어의 미묘한 의미 차이를 구분하기 어려운 사람들은, 그 단어에 다른 뜻도 있나 보구나 하고 지나칠 수밖에 없다.

영어 단어 사용을 줄이는 것은 대화의 명확성과 효율성을 높이는 데매우 중요하다. 우리말로 충분히 표현할 수 있는 단어를 사용함으로써, 상대방과의 원활한 소통을 끌어내고 오해와 혼동을 방지할 수 있다.

보고는 자주 한다

보고는 자주 해야 한다. 보고를 미루거나 중간에 진행 상황 공유가 이루어지지 않으면, 정작 의사 결정을 해야 할 시점에 의견 차이나 내용 부족으로 낭패를 볼 수 있다. 업무를 완료해야 할 시점까지 치밀하게 준비하는 것은 좋지만, 그렇다고 그때까지 아무런 중간보고나 공유 없이 시간을 보내지는 말자는 것이다. 이는 비효율적인 커뮤니케이션으로 인해 발생할 수 있는 여러 문제를 방지하기 위함이다.

업무를 지시한 상사도 최종 보고서를 마감 시점에 접하는 것을 원하지 않는다. 상사는 업무가 어떻게 진행되고 있는지 궁금해할 수 있으며, 중간보고를 통해 상황을 파악하고 적절한 피드백을 제공할 기회를 얻고자 한다. 이는 상사와 팀원 간의 신뢰를 구축하는 데에도 중요한 요소이다. 중간보고가 없으면 상사는 업무가 제대로 진행되고 있는지에 대한 불안감을 가질 수 있다. 따라서 주기적인 중간보고는 상사의 불안을 해소하고, 업무 진행에 필요한 추가적인 지원이나 조언을 받을 기회를 제공한다.

중간보고는 이메일이나 구두 보고를 통해 간단하게 이루어질 수 있다. 이메일 보고는 기록이 남기 때문에 나중에 참고하기 좋고, 구두 보고는 즉각적인 피드백을 받을 수 있어 상황에 따라 유용하게 활용될 수 있다. 또한, 담배를 피우거나 식사를 같이하는 비공식적인 자리에서도 약식 보고 형식으로 진행 현황을 공유할 수 있다. 이러한 비공식적인 자리의 보고는 더욱 자연스럽고 편안한 분위기에서 이루어진다. 평소에 쉽게 꺼내기 어려운 문제나 의견을 나눌 좋은 기회가 될 수 있다.

주기적인 중간보고는 업무의 효율성을 높이고, 의사결정 과정에서 발생할 수 있는 문제를 사전에 방지하는 중요한 역할을 한다. 업무를 지시한 상사와의 원활한 소통을 통해 업무의 질을 높이고, 마감에 쫓기지 않도록 하는 것이 필요하다. 따라서 중간보고를 자주 하여 업무의 진행 상황을 공유하고, 필요시 상사의 조언을 받아 업무를 더욱 완성도 높게 수행할 수 있도록 해야 한다.

Hallucination

    최근 챗지피티(ChatGPT)와 같은 인공 지능 모델의 답변을 보며, '할루시네이션(Hallucination)'이라는 용어를 알게 되었다. Hallucination의 어원은 라틴어 단어인 'hallucinatio'에서 비롯되었다. 'hallucinatio'는 '환각'이나 '헛된 생각'을 의미하며, 현실과 다르거나 존재하지 않는 것을 실제처럼 인식하는 현상을 설명하기 위해 사용된다. 이 용어는 인공 지능이 마치 실제 사실인 것처럼 그럴듯하게 보이는, 잘못된 정보를 생성하는 현상을 가리킨다. 이러한 할루시네이션은 겉으로 보기에는 신뢰할 수 있는 정보처럼 보이지만, 자세히 들여다보면 사실과 다르거나 과장된 내용이 포함되어 있어 문제가 될 수 있다.

    리더는 팀원의 보고나 업무 결과에 대해, 이러한 할루시네이션이 있는지 항상 확인하는 습관을 지녀야 한다. 이는 팀원이 작성한 보고서나 자료에 포함된 정보가 실제 사실과 일치하는지, 또는 과장되거나 왜곡되지 않았는지를 검토하는 과정을 의미한다. 이를 위해 리더는 실무 내용을 충분히 파악하고 있어야 하며, 팀원의 업무 내용에 오류가 있을 수 있다는 생각을 항상 가지고 있어야 한다.

할루시네이션을 방지하기 위해서는 몇 가지 중요한 원칙을 준수할 필요가 있다. 첫째, 리더는 팀원의 보고서나 자료를 검토할 때, 해당 정보의 출처를 확인하고, 신뢰할 수 있는 출처에서 제공된 정보인지 확인해야 한다. 둘째, 정보의 일관성을 확인해야 한다. 만약 보고서의 내용이 다른 자료와 어긋나는 경우 그 원인을 찾아야 하며, 필요한 경우 추가적인 검토나 조사를 통해 정확한 정보를 확보해야 한다. 셋째, 팀원과의 지속적인 커뮤니케이션을 통해 업무의 진행 상황을 주기적으로 확인하고, 필요한 피드백을 제공해야 한다. 이를 통해 팀원이 잘못된 정보를 제공하는 것을 예방하고, 업무의 정확성과 신뢰성을 높일 수 있다.

리더는 할루시네이션을 경계하고, 팀원의 보고서나 업무 결과에 대해 철저히 검토하는 습관을 지녀야 한다. 이를 통해 조직 내에서 정확하고 신뢰할 수 있는 정보를 바탕으로 한 의사 결정이 이루어질 수 있도록 해야 한다. 실무 내용에 대한 깊은 이해와 지속적인 커뮤니케이션은, 이를 실현하는 데 중요한 역할을 할 것이다.

호모 프롬프트

　팀원들과 업무를 진행하면서 '호모 프롬프트(Homo Prompt)'라는 용어를 자주 언급하고 있다. 대화는 물론 회의 시간에 리더가 질문과 답변을 어떻게 효율적으로 할 것인지를 강조하면서 비유를 들기도 한다. 챗지피티와 같은 AI는 우리의 질문에 응답하고 창의적으로 정보를 생성함으로써, 우리의 생각과 의사소통 방식을 혁신하고 있다. 이러한 AI를 효과적으로 활용하기 위해서는 뛰어난 호모 프롬프트가 필요하다. 호모 프롬프트는 AI와 상호작용을 하는 과정에서 AI에게 전달하는 적절한 지침과 질문을 제공하는 사람을 의미한다. 그렇기에 리더는 팀원들의 업무 진행과 성과에 대해, 본인이 호모 프롬프트라는 자세로 적절한 질문을 할 필요가 있다.

　호모 프롬프트는 AI 모델이 학습하는 데 사용되는 지침의 역할을 한다. 우리가 AI에게 제공하는 질문이나 정보는 모델이 학습하고 생성하는 콘텐츠의 질과 양에 영향을 미친다. 정확하고 명확한 프롬프트 제공을 통해, 우리는 AI가 더 나은 결과를 도출하도록 유도할 수 있다.

AI는 호모 프롬프트가 제공하는 질문이나 지시에 따라 대화의 방향과 내용을 결정한다. 적절한 프롬프트를 제공함으로써 우리는 AI와의 대화를 더욱 효과적으로 이끌어 나갈 수 있다. 이는 우리가 원하는 정보를 정확히 얻고, 필요한 창의적인 아이디어를 도출하는 데 도움이 된다.

AI를 효과적으로 활용하기 위해서와 마찬가지로, 리더에게는 문제를 정의하고 목표를 설정하는 능력이 필요하다. 적절한 프롬프트를 개발하기 위해서는 문제를 명확히 이해하고 해결 방법을 고민해야 한다. 또한, 프롬프트를 효과적으로 작성하기 위해서는 명확하고 간결하게 생각을 전달할 수 있는 능력이 필요하다. 팀원들에게 전달하는 질문이나 정보가 명확하고 이해하기 쉬워야 하기 때문이다. 또한, 팀원들의 능력과 한계를 이해하고 이를 고려한 질문을 해야 한다.

화용 언어

    말하기는 단순한 대화 이상의 의미를 지닌다. 상황과 목적, 의도에 맞는 내용을 전달하는 중요한 행위이다. '화용 언어(Pragmatics)'란 이런 맥락에서 상황에 맞게, 상대방에 맞게, 그리고 상대방의 의도를 잘 이해하며 말하는 능력을 의미한다. 흔히 TPO(Time, Place, Occasion)라고 불리는 시간, 장소, 상황을 고려한 의사소통을 포함하여, 의도까지 적절히 포함하여 말할 수 있다는 것이다.

    화용 언어의 부족은 사회적 관계 형성에 어려움을 초래할 수 있다. 의미 있는 대화를 주고받으며 상호 작용을 해야 하는 상황에서, 적절한 말을 하지 못하면 대화가 원활하게 이어지지 않는다. 상대방의 감정을 읽고 그에 맞는 적절한 말로 표현해야 하는데, 이 능력이 부족할 경우 대화가 유기적으로 연결되지 못하고 단절될 수 있다. 이는 개인 간의 신뢰 형성과 관계 구축에 부정적인 영향을 미친다.

    특히, 리더는 자신뿐만 아니라 팀원들이 이러한 화용 언어 능력을 키울 수 있도록 지원해야 한다. 팀원들이 상황에 맞는 적절한 언어 사용을 통해, 효과적으로 의사소통하게 돕는 것은 팀 전체의 성과와 직결된다. 이를 위해 리더는 다양한 상황에서의 모범적인 대화 예시를 보여주고, 팀원들에게 피드백을 제공하며, 필요할 때는 적절한 교육 프로그램을 도입할 수 있다.

또한, 리더는 팀원들이 서로의 의도와 감정을 잘 이해하고 소통할 수 있도록 격려해야 한다. 예를 들어, 회의 중에 서로의 의견을 경청하고 존중하는 태도를 보이며, 다양한 의견을 수용하고 토론하는 문화를 조성하는 것이 중요하다. 이를 통해 팀원들은 자연스럽게 화용 언어 능력을 향상시킬 수 있을 것이다.

화용 언어는 단순한 대화를 넘어 상황과 목적, 의도를 고려한 의사소통 능력을 의미함을 알 수 있다. 이러한 능력이 부족할 경우 사회적 관계 형성에 어려움을 겪을 수 있으므로, 리더는 팀원들이 이러한 능력을 키울 수 있도록 적극적으로 지원해야 한다. 이를 통해 팀원들 간의 원활한 소통과 협업이 가능해지고, 궁극적으로 조직의 성과와 발전에 기여할 수 있을 것이다.

회의는 30분 내로 끝내자

"오늘도 회의는 30분 내로 끝냅시다." 보통의 경우에는 내가 회의 시작 전에 이렇게 말한다. 이미 살펴본 회의 주제와 참석자, 결론 도출 필요 유무를 고려했을 때, 충분히 30분 내로 끝낼 수 있다는 결론에 다다르면, 회의 시작 전에 30분을 언급하며 시간을 못 박는 버릇이 있다.

시작할 때 회의 시간을 언급하는 것은 효율적인 회의 주재 방법이라고 생각한다. 회의의 효율성과 집중도를 높이기 위해서는, 다음과 같은 몇 가지 중요한 점을 고려해야 한다.

먼저, 회의 시작 전에 목적을 명확히 해야 한다. 회의 주제와 목표를 분명하게 설명하여, 참석자들이 회의에 대해 명확한 기대를 할 수 있도록 해야 한다. 이는 시간을 절약하고, 모든 참석자가 회의의 방향을 이해하게 함으로써 효율적인 논의를 촉진한다. 회의의 진행 방식과 일정을 소개하여, 참석자들이 회의에 적극적으로 참여할 수 있는 환경을 조성하는 것도 중요하다.

다음으로, 다양한 의견을 유도하고 존중하는 분위기를 조성해야 한다.

참석자들에게 자유롭게 의견을 나눌 기회를 주고, 각자의 관점을 공유하도록 유도해야 한다. 다양한 의견을 수용하고 존중함으로써 참여도를 높이고, 창의적인 아이디어를 도출할 기회를 제공해야 한다. 이를 통해 모든 참석자가 회의에 기여할 수 있도록 하여 회의의 질을 높일 수 있다.

또한, 회의 주재자는 의사 결정을 위한 환경을 조성하고, 의사 결정 과정을 원활하게 이끌어야 한다. 중요한 의사 결정을 내리기 전에는 모든 관련 정보를 공유하고, 참석자들의 의견을 들어야 한다. 의사 결정을 내릴 때는 목표와 일정을 고려하여 신중하게 판단해야 한다. 이를 통해 빠른 결정을 내리면서도 신중함을 잃지 않도록 해야 한다.

마지막으로, 회의가 종료되기 전에 중요한 내용을 요약하고, 결정된 사항과 할 일을 명확하게 정리해야 한다. 참석자들에게 다음 단계에서 할 일을 명확히 알려주어, 효율적인 업무 진행을 도와야 한다. 또한, 회의록을 그 자리에서 작성하여 회의 내용을 문서화하고, 참여자들에게 공유함으로써, 의사결정과 업무 추진에 도움을 줄 수 있다. 이는 회의 후에도 모두가 같은 방향으로 나아가게 하여 혼동을 줄인다. 이처럼, 회의를 짧은 시간 내로 끝내는 것은 효율적인 회의 주재 방법 중의 하나이다. 짧은 시간 동안 집중력을 유지하고, 효율적으로 의사소통하며, 신중한 결정을 내리는 것이 중요하다.

회의의 목적은 "왜"를 도출하는 것이다

업무상 회의를 진행할 때는, 먼저 회의의 목적을 명확히 파악해야 한다. 이 회의가 단순한 진행 상황 공유인지, 의사 결정을 해야 하는지, 아니면 참석자들에게 후속 업무에 대한 협조를 요청하는 것인지 목적을 먼저 파악해야 하는 것이다. 회의의 목적이 무엇인지를 정확히 이해하고, 이에 따라 후속 업무 진행 방법을 결정하는 것이 중요하다.

회의에서는 "왜(why)"를 도출해야 한다. 이 회의를 왜 하는지를 이해하고, 왜 필요한지를 참석자들에게 명확히 알려야 한다. 회의 참석자들 간에 "왜"에 대한 이해를 공유하고, 각자의 시각과 관점을 들어봐야 한다. 이를 통해 모든 참석자가 공통된 목표와 목적을 이해하게 되고, 회의의 본질적인 이유에 집중할 수 있게 된다.

이후 후속 업무는 육하원칙 중 왜를 제외한 나머지인 누가, 언제까지, 무엇을, 어떻게, 어디서 할 것인지를 정하는 것이다. 기본 개념은 회의에서 도출한 "왜"에 따라, 각자가 "나는 무엇을 해야 할까?"라는 질문을 하고 이에 대한 답을 제시하는 것이다.

첫째는 "누가 해드릴까요?"이다. 누가 업무를 담당할지를 결정해야 한다. 회의에 참여한 각 구성원의 역할과 책임을 명확히 정의함으로써, 각자가 어떤 부분을 책임지고 어떤 업무를 해야 하는지를 이해할 수 있게 된다.

둘째는 "무엇을 해드릴까요?"이다. 각 작업의 내용과 목표를 명확히 이해하고, 작업에 필요한 자원이나 도구를 확보한다. 필요한 정보나 자료를 수집하고, 작업에 필요한 지식이나 기술을 습득하는 것이다.

셋째는 "언제까지 해드릴까요?"이다. 각 업무의 시작과 마감일을 결정한다. 목표를 달성하기 위해 필요한 일정을 설정하고, 각 업무의 우선순위를 정한다. 필요하면 다음 회의를 계획할 수도 있다.

넷째는 "어디서 해드릴까요?"이다. 각 업무가 어디서 이루어질 것인지를 결정한다. 필요한 자원을 확보하고 업무를 수행할 장소를 선정하는 것이다.

마지막으로 "어떻게 해드릴까요?"이다. 각 업무가 어떻게 수행될 것인지를 결정한다. 필요한 절차나 방법을 정의하고, 작업에 필요한 지침이나 규정을 제공한다. 이를 통해 작업의 일관성을 유지하고 오류를 최소화할 수 있다.

이메일 잘 쓰자

회사에서 이메일로 대부분의 업무를 보는데, 의외로 이메일 에티켓이나 효율적인 사용법을 모르는 직원들이 많다. 고민 없이 작성하고 보낸 이메일이 수신인이나 참조인에게는 업무 스트레스를 주고, 그들의 소중한 시간을 뺏을 수 있다. 그렇기에 좀 더 신중하게 이메일을 작성해야 한다고 생각한다. 아래에 내가 나름대로 중점을 두고 있는 이메일 작성 팁 몇 가지를 정리했다.

제목은 작성 목적과 내용을 직관적으로 알 수 있게 정한다. 제목이 길어도 좋다. 예를 들어서, '사업 계획 검토 회의 - 5/7(화) 13:00 인디고 회의실'과 같이 제목을 적는다. 이렇게 제목을 적으면 많은 메일을 받는 사람도 제목만으로 내용을 파악할 수 있게 된다. 요청 사항이나 중요 내용을 제목에 표현하면 좋다. 예를 들어, '[요청] 주간 보고 자료 요청 (4/11 17:00까지)', '[죽전CDC] 건축 인허가 완료 - 2022.03.23'과 같이 쓴다.

답신이든 전달이든 Re나 Fw를 붙여 바로 송부하기보다는 제목을 내용에 맞게 바꾼다. 'Re. Re. Re. Fw 도급 계약서 검토 요청'과 같이 계속 전달되고 답신이 되다 보면, 비슷한 제목의 이메일 중 어떤 것이 어떤 내용을 포함하는지 파악하기 어렵다. 시간이 흐르다 보면 원래 목적이나 주제와 다른 내용들로 이메일이 계속될 수도 있다.

수신인과 참조인 지정은 메일의 목적에 맞는지 끝까지 고민한다. 수신인은 말 그대로 그 이메일에 따른 업무가 필요할 때, 그것을 담당해야 하는 직원이다. 참조인은 직접적으로 업무를 수행하지는 않고, 내용 공유가 필요한 직원들이다. 나는 이메일을 확인할 때 제일 먼저 제목을 읽고, 그 다음에 내가 수신인인지 참조인인지 확인한다. 그리고 나서야 어떤 직원들이 수신인이고 참조인인지 확인하여, 그 이메일이 제대로 수신인과 참조인을 지정하고 있는지 확인한다. 필요하면 수신인과 참조인을 변경하도록 이메일 발송인에게 알려주기도 한다.

이메일도 결국 편지이기에 정약용 선생의 글귀로 마무리한다. "편지를 한 장 쓸 때는 두 번, 세 번 읽어 보면서, 이 편지가 사통오달 한 번화가에 떨어져 나의 원수가 펴보더라도, 내가 죄를 얻지 않을 것인가를 생각하면서 써야 한다. 또 이 편지가 수백 년 동안 전해져서 안목 있는 많은 사람들의 눈에 띄더라도, 조롱받지 않을 만한 편지인가를 생각해 본 뒤에야 비로소 봉해야 하는데, 이것이 바로 군자가 삼가는 바다."

3장 기록 관리

Archivist

'Archivist'라는 용어는 고대 그리스어 'archeion'에서 유래되었다. 'archeion'은 'arche'라는 단어에서 파생되었는데, 이는 '권위' 또는 '주요한 것'을 의미한다. 'archeon'은 정부나 행정 부처가 기록을 보관하는 장소를 가리키며, 'archivists'는 이러한 기록을 관리하는 사람들을 의미한다. 내가 체계적으로 기록을 관리하고 정보를 보관하는 'Archivist'가 되자고 팀원들을 격려했던 이유는 다음과 같다.

첫째, 정보와 기록은 우리의 역사와 문화를 형성하는 핵심 요소이다. 이를 통해 우리는 과거의 경험을 배우고, 현재와 미래를 이해할 수 있다. Archivist는 이러한 중요한 자산을 보존하고 이용할 수 있게 만들어, 다음 세대에게 전달할 수 있는 역할을 한다. 예를 들어, 역사적인 문서나 사진, 중요한 연구 자료 등을 보존하는 것은, 우리의 문화유산을 지키는 일과 같다.

둘째, 정보와 기록은 기업, 기관, 조직 등의 효율적인 운영에 필수적이다. 정확하고 효율적으로 관리되는 정보는 의사 결정에 도움을 주고, 업무 효율성을 향상시킨다. Archivist는 이러한 정보 자산을 체계적으로 관리하여, 개인이나 조직의 목표를 달성하는 데 도움을 준다. 예를 들어, 프로젝트 진행 상황을 기록하고 체계적으로 관리하면, 문제 발생 시 빠르게 원인을 파악하고 해결할 수 있다.

정리된 정보와 기록은 우리의 일상생활을 조직화하고 효율성을 높여준다. 해야 할 일의 목록, 일정, 중요 문서 등을 체계적으로 관리하면 시간을 절약할 수 있다. 예를 들어, 중요한 문서를 체계적으로 정리하면 필요할 때 쉽게 찾아볼 수 있으며, 정보에 빠르게 접근할 수 있어 업무 효율이 향상된다.

또한, 정보와 기록을 체계적으로 정리하면, 계속 보완되고 기록되어 후대에 전달될 수 있다. 컴퓨터 폴더를 관리하거나 스마트폰의 사진을 포함한 자료를 관리할 때, 일정한 분류 체계를 유지하면 필요할 때 쉽게 자료를 찾아볼 수 있다.

체계적으로 정보를 관리하고 기록을 보존하는 것은, 우리의 과거를 이해하고 현재를 효율적으로 운영하며, 미래를 준비하는 데 큰 도움이 된다. 모든 팀원이 Archivist처럼 정보를 관리하면, 더 나은 성과와 효율성을 달성할 수 있을 것이다.

기록하지 않으면 기록되지 않는다

"기록하지 않으면 기록되지 않는다."는 "If you do nothing, nothing happens."를 응용해서 내가 만든 말이다. 기록은 우리가 경험한 일들을 담아내고, 정보를 보존하는 중요한 역할을 한다. 우리는 과거의 경험을 통해 배우고 발전할 수 있으며, 미래를 준비하기 위해 필요한 정보를 확보할 수 있다. 그러나, 만약 우리가 그 경험과 정보를 기록하지 않는다면, 그것들은 사라져버릴 것이며 존재조차도 알 수 없는 정보가 될 수 있다. 따라서, 기록은 우리의 업무와 삶에서 중요한 부분을 차지한다.

효율적인 기록은 정확하고 체계적으로 정보를 정리하고 저장하는 것을 의미한다. 이를 통해 우리는 필요한 정보를 빠르게 찾고 활용할 수 있고, 시간과 자원을 절약하며, 작업의 효율성을 높일 수 있다. 예를 들어, 프로젝트 진행 상황이나 회의록을 체계적으로 기록해 두면, 필요할 때 신속하게 정보를 참조할 수 있어 업무의 연속성을 유지할 수 있다.

효율적인 기록을 위해서는 몇 가지 요령이 있다. 첫째, 기록은 정확하고 명확해야 한다. 정보를 왜곡하거나 누락하지 않고, 명확하고 이해하기 쉽게 작성해야 한다. 이는 오해를 방지하고, 기록을 참조하는 사람들이 일관된 정보를 얻을 수 있도록 도와준다. 둘째, 기록은 체계적으로 정리되어야 한다. 정보를 적절한 범주나 카테고리로 분류하고, 일관된 형식으로 작성해야 한다. 이는 정보 검색을 용이하게 하고, 필요할 때 쉽게 찾을 수 있도록 해준다. 셋째, 기록은 일정한 주기로 업데이트되어야 한다. 정보가 더 이상 유효하지 않거나 새로운 정보를 입수할 경우, 과거의 기록을 즉시 업데이트하여 최신 상태를 유지해야 한다. 이는 정보의 정확성과 신뢰성을 보장하는 데 필수적이다.

효율적인 기록은 우리의 업무와 삶에서 더 나은 결과를 이루는 데 필수적인 요소이다. 따라서, 우리는 정확하고 체계적으로 정보를 기록하고, 그 정보를 유지하고 보호하기 위해 노력해야 할 것이다. 기록은 단순히 과거의 데이터를 저장하는 것이 아니라, 미래를 계획하고 현재를 개선하기 위해 활용될 수 있는 중요한 도구이다. 이를 통해 우리는 더 나은 결정을 내리고, 목표를 효율적으로 달성할 수 있을 것이다.

메모를 활용한다

메모를 활용하여 기록을 관리하는 방법은, 효율적인 정보 저장과 관리를 위한 강력한 도구라고 생각한다. 각 주제나 프로젝트별로 메모를 작성하여 정보를 체계적으로 정리하는 방법이 있다. 예를 들어, 회의록, 아이디어, 할 일 목록 등을 각각의 메모로 관리하고, 중요한 일정이나 약속을 메모에 기록하여 기억력을 보완하고 시간을 관리할 수 있다. 일정 관리 앱을 사용하여 일정을 메모에 추가하고 알림을 설정하면, 더욱 효율적으로 일정을 관리할 수 있을 것이다. 중요한 정보나 아이디어가 떠오를 때 빠르게 메모를 작성하여 기록하면, 이를 나중에 자세히 정리하거나 활용할 수 있다.

과거에는 포스트잇 등을 활용하거나 업무용 수첩을 이용했지만, 근래에는 디지털 기기의 발달로 태블릿이나 스마트폰으로 쉽게 메모를 할 수 있다. 카메라로 찍거나 화면 캡처를 통해 사진으로 저장할 수도 있다. 종이를 이용한 메모는 직관적이고 자유롭게 작성할 수 있어 전자 기기가 없어도 접근성이 좋다. 반면, 많은 양의 정보를 손으로 써가며 저장하기는 어렵고, 메모를 분실하거나 손상될 위험도 있다. 복사해 둘 수 없는 점도 단점이다.

나는 회의 시간에 업무 수첩이나 노트북도 들고 오지 않고, 빈손으로 가만히 앉아 있거나 핸드폰만 만지작거리는 팀원들을 보면 약간 불쾌감을 느낀다. 요즘 많은 사람들이 불평하는 문제 중 하나가 핸드폰 사용일 것이다. 회의를 하는 동안 앞에서 핸드폰만 쳐다보며 포털 뉴스를 보고 있다면, 이를 긍정적으로 받아들일 사람은 거의 없을 것이기 때문이다.

메모를 활용하는 것은 단순한 기록을 넘어서, 우리의 일상생활과 업무에서 효율성을 높이는 중요한 도구이다. 적절한 메모 습관은 기억력을 보완하고, 시간을 효율적으로 관리하며, 중요한 정보를 체계적으로 정리하는 데 큰 도움이 된다. 디지털 기기를 활용한 메모는 접근성과 저장 용량에서 이점을 제공하지만, 종이 메모의 직관성과 자유로움 또한 중요하다. 따라서 상황에 맞게 두 가지 방법을 적절히 활용하는 것이 좋다. 메모를 통해 정보를 체계적으로 관리하고, 이를 바탕으로 더 나은 의사 결정과 업무 효율성을 달성할 수 있다고 생각한다.

단문으로 쓰자

글을 단문으로 쓰면 주술 관계가 복잡하지 않아 쉽게 이해할 수 있다. 단문은 주어와 술어가 하나씩 있는 문장을 의미한다. 단문으로 쓰면 표현이 정확해지고, 읽는 사람은 호흡이 흐트러지지 않으며, 문장의 끝에서 자연스럽게 쉴 수 있다. 법조문이나 계약서를 읽을 때 몇 줄에 걸쳐 써진 긴 문장을 보면 답답함을 느끼게 된다. 이런 문서에는 어려운 전문 용어가 많을 뿐만 아니라, 쉼표 없이 이어지는 문장이 많아 전체적인 논리 관계를 파악하기 어렵다. 게다가 어려운 전문 용어 한자와 외래어까지 섞여 있으면 읽기도 전에 부담스럽다.

우리 아파트 엘리베이터홀 게시판에 붙여진 관리사무소의 공지 사항을 한참 동안 읽어본 적이 있다. "지하 주차장 입구 부근 바닥 하자보수 작업 관계로 주차가 일부 제한되며 입출차시 보수 구역에 따라 한쪽 방면만 이용하도록 통제되오니 공사기간 입출차시 안전운행에 각별한 주의를 기울여 주시기를 당부드립니다" 내용은 이해하지만 대단한 글이다. 이 글 전체가 한 문장이다. 쉼표마저 없고 읽는 이의 호흡은 배려가 되었는지 의심스러울 정도다.

짧은 문장으로 쓰되, 논리가 명확하고 주술 관계가 잘 정리된 글을 쓰는 연습이 필요하다. 특히 소위 '이과' 출신들이 서술형 글쓰기에 약한 경우가 많다. 이를 보완하기 위해 복문으로 길게 쓰는 경우가 종종 있다. 영어 문장을 자주 접하다 보면 접속사나 전치사를 이용해 문장을 이어가면서 쓰는 것이 멋있어 보일 수 있다. 하지만 글은 결국 의사소통의 도구이다. 명확하게 의사 전달이 되지 않으면 멋있는 글도 의미가 없다.

단문은 명확하고 간결하게 의사를 전달하는 데 효과적이다. 단문은 읽는 사람의 호흡을 고려한 문장 구조이다. 긴 문장은 읽는 이에게 부담을 준다. 따라서 문장은 짧고 명확하게 쓰는 것이 좋다. 단문은 또한 문장의 끝에서 독자가 자연스럽게 멈추고 생각할 시간을 주기도 한다. 이는 독자가 내용을 더 잘 이해하게 도와준다.

글을 단문으로 쓰는 연습을 하면 표현력이 향상된다. 이는 더 나은 의사소통을 가능하게 한다. 복잡한 내용을 전달할 때도 군더더기 없는 단문을 사용하면, 더 효과적으로 전달할 수 있을 것이다. 단문은 글을 읽는 사람에게 친절한 방식이다. 따라서 글을 쓸 때는 단문으로, 명확하게 쓰는 것을 목표로 삼아야 한다고 생각한다.

Self-explanatory

　해외 업무를 수행하면서 'self-explanatory'라는 용어를 접하게 되었다. 이 용어의 의미를 캠브리지 사전에서 찾아봤더니 "Easily understood from the information already given and not needing further explanation" 이었다. 이는 추가 설명이나 질문이 필요하지 않을 만큼 완벽한 정보를 제공하자는 의미를 지닌다.

　보고서나 품의서를 작성할 때, 보고를 받는 사람이나 품의를 승인하는 사람이 그 내용만으로 모든 것을 이해할 수 있도록 만들어야 한다. 이 self-explanatory 개념을 도입하면, 문서 작성의 명확성과 효율성이 높아질 수 있다. 수신자가 문서를 읽으면서 궁금증이 생기지 않도록, 모든 필요한 정보를 포함하고 논리적으로 전개하는 것이 중요하다.

　이 원칙은 보고서뿐만 아니라 업무 이메일에도 적용될 수 있다. 이메일을 작성할 때도 수신자가 내용을 한 번에 이해할 수 있도록 명확하게 작성해야 한다. 불필요한 설명을 줄이고, 필요한 정보만을 간결하게 전달하는 것이 핵심이다. 이는 수신자가 이메일을 빠르게 이해하고 필요한 조치를 취할 수 있게 도와준다.

Self-explanatory 개념을 충족하기 위해서는 몇 가지 원칙을 따르는 것이 좋다. 첫째, 문서를 작성할 때는 핵심 정보를 두괄식으로 먼저 제공하는 것이다. 이를 통해 수신자는 문서의 주요 내용을 초반에 빠르게 파악할 수 있다. 둘째, 논리적이고 일관된 구조를 유지하는 것이다. 문서의 각 부분이 자연스럽게 연결되도록 작성하면, 수신자는 문서를 읽는 동안 혼란을 느끼지 않을 것이다. 셋째, 필요한 모든 정보를 포함하되, 불필요한 세부 사항은 배제하는 것이다. 이는 문서의 길이를 줄이고, 수신자가 핵심 내용에 집중할 수 있도록 도와준다. 내가 팀원들에게 자주 요구하는 "한 장으로 요약하자"도 비슷한 개념이다.

업무에서 self-explanatory 개념을 적용하면, 의사소통의 효율성도 향상될 수 있다. 상사나 동료가 추가 설명 없이 문서를 이해할 수 있다면, 불필요한 질문과 답변을 줄일 수 있고, 업무의 속도와 정확성이 높아질 것이기 때문이다. 이는 팀 전체의 생산성을 향상시키는 데에도 기여할 수 있을 것이다.

Self-explanatory 개념을 업무 문서와 이메일 작성에 적극적으로 도입할 것을 권한다. 이는 명확하고 효율적인 의사소통을 가능하게 하며, 업무의 질을 높이는 데 큰 도움이 되리라 생각한다.

문서의 오타를 없앤다

팀원들이 내가 수신인이나 참조인으로 지정된 이메일을 쓸 때 어려움을 호소한다는 이야기를 자주 들었다. 논리적인 본문 작성은 그렇다 치더라도 오타가 신경이 쓰인다는 것이다. 나를 '오타 귀신'이라고 부르기도 한다. 본인 나름대로 신경을 써서 작성했고 오타를 점검해서 발송했는데, 이를 받아 본 내가 바로 오타를 찾으면 환장할 노릇이라는 것이다.

문서를 작성할 때 오타는 반드시 피해야 할 요소이다. 오타는 문서의 신뢰성을 떨어뜨리고, 독자의 이해를 방해하며, 작성자의 전문성에 대한 의문을 품게 만들 수 있다. 중요한 문서나 보고서는 물론이고, 일상적인 이메일에도 오타는 없어야 한다. 따라서 문서를 작성한 후에는 마지막까지 신중하게 검토하고 수정하는 습관을 들여야 한다.

오타는 독자의 이해를 방해하는 주요 요소 중 하나이다. 오타가 많은 문서는 읽기 불편하고 내용을 이해하기 어렵게 만든다. 이러한 문제를 방지하기 위해 가장 일반적으로 사용되는 방법은 철자 및 문법 검사 도구를 활용하는 것이다. 워드나 이메일 등 대부분의 문서 작성 프로그램에는 철자 및 문법 검사 기능이 있다. 이러한 도구를 사용하면 오타뿐만 아니라 문법적 오류도 쉽게 수정할 수 있다. 주술 관계가 모호한 문법적 오류도 자동으로 검토할 수 있어 매우 유용하다.

문서 작성이 완료되면 시간을 두고 여러 번 문서를 검토하는 것이 좋다. 여러 번의 검토 과정을 통해 오타를 발견하고 수정할 수 있다. 특히, 분량이 많지 않은 자료라면 인쇄해서 읽어보는 것도 좋은 방법이다. 인쇄된 문서를 읽으면 오타를 발견하기 쉽고, 문장의 흐름을 더욱 명확하게 파악할 수 있다.

또한, 오타를 수정하는 과정에서 문장의 길이를 점검하는 것도 중요하다. 문장이 지나치게 길면 독자가 이해하기 어렵다. 따라서 문장을 짧고 명료하게 작성하는 것이 좋다. 문장을 단문 형식으로 끊어서 작성하면 독자의 이해도가 높아지고, 읽기 쉬운 문서를 만들 수 있다. 쉼표나 마침표를 적절히 사용하여 문장을 정돈하는 것도 중요한 점이다.

오타는 문서의 신뢰성과 이해도를 저해하는 요소이므로, 문서를 여러 번 검토하는 습관을 들여야 한다. 또한, 문장의 길이를 조절하여 독자가 쉽게 이해할 수 있도록 작성하는 것도 중요하다. 이러한 노력을 통해 독자는 더욱 명확하고 정확한 정보를 얻을 수 있을 것이다.

유골함에도 번호가 있다

인간은 태어나면서부터 고유의 번호를 부여받는다. 신생아는 태어나자마자 엄마의 이름과 인큐베이터 번호를 부여받으며, 출생 신고와 함께 주민등록번호를 받는다. 성장하면서 학번, 군번, 사번 등 다양한 번호를 부여받으며, 이 번호들은 각자의 삶을 체계적으로 관리하고 추적하기 위해 사용된다. 심지어 죽음 이후에도 사람은 묘지 위치 번호나 납골당의 유골함 번호를 가지게 된다.

이처럼 번호는 우리의 삶의 모든 단계에서 중요한 식별 도구로 작용한다. 번호는 개인의 존재를 명확히 하고, 그 역사를 기록하며, 체계적인 관리와 추적을 가능하게 한다. 유골함에 부여되는 번호조차도 우리가 존재했음을 명시하고, 우리의 역사를 지속적으로 유지할 수 있게 해준다.

이 원리는 문서 관리에도 동일하게 적용된다. 문서는 정보와 데이터를 포함한 중요한 자산이기에, 이를 제대로 활용하려면 고유한 문서 번호가 필요하다. 문서 번호는 문서의 위치와 식별을 명확히 하는 코드로, 번호가 없으면 문서는 혼란스럽고 비효율적으로 관리될 수밖에 없다.

문서 번호 부여는 문서 관리 절차에서 가장 중요한 단계이다. 번호를 부여하면 문서는 비로소 고유한 정체성을 갖게 되며, 이후 검색이나 참조에 활용될 수 있다. 올바른 번호 부여는 문서의 효율적인 관리와 보관을 가능하게 하며, 정보의 손실을 방지할 수 있다. 또한, 문서 번호는 문서의 생성, 수정, 보관, 폐기 등 전 과정에서 중요한 역할을 한다.

문서 번호 부여는 문서를 체계적으로 관리하고 유용하게 활용하기 위한 필수적인 요소이다. 이는 우리의 삶뿐만 아니라 문서의 세계에서도 중요한 원칙이며, 올바른 문서 관리를 위해 반드시 준수해야 할 절차 중 하나이다. 번호를 통해 우리는 문서의 위치와 상태를 명확히 파악하고, 필요한 순간에 정확한 정보를 신속하게 찾을 수 있다. 이러한 관리 시스템은 효율성과 정확성을 보장하며, 문서의 가치를 극대화할 수 있게 해준다.

유골함에도 번호가 있는 것처럼, 문서에도 고유한 번호를 부여하는 것은 필수적이다. 이는 업무는 물론 우리의 삶과 기록을 체계적으로 관리하고 보존하는 데 있어서 없어서는 안 될 중요한 과정이다.

버려진 섬마다 꽃이 피었다

김훈 작가는 소설 《칼의 노래》의 첫 문장인 '버려진 섬마다 꽃이 피었다.'에서, '꽃이 피었다'와 '꽃은 피었다' 사이를 고민하며 담배 한 갑을 피웠다고 한다. 이 일화는 한국어에서 조사가 얼마나 중요한 역할을 하는지를 잘 보여준다. 조사는 문장의 구조를 결정하고 단어 간의 관계를 명확히 해주는 역할을 하며, 문장의 의미를 정확히 전달하는 데 큰 영향을 미친다.

특히 문학 작품에서는 조사가 작가의 의도를 강조하고 표현하는 데에 핵심적인 역할을 한다. 조사는 단어들의 의미를 세밀하게 조정하고, 상황에 따라 단어의 뉘앙스를 변화시킨다. 예를 들어, '꽃이 피었다'와 '꽃은 피었다'는 조사의 선택에 따라 의미가 달라질 수 있다. '꽃이 피었다'는 꽃이 어떤 행동을 하였음을 강조하고 있으며, '꽃은 피었다'는 꽃이 어떤 상태에 도달했음을 강조한다. 이러한 미묘한 차이는 독자가 문장을 이해하는 데 큰 영향을 미친다.

조사는 또한 문장의 분위기나 감정을 전달하는 데에도 중요한 역할을 한다. 조사의 선택은 문장의 흐름과 강세를 조절하며, 이를 통해 작가는 독자에게 작품의 분위기를 전달할 수 있다. 문장의 운율과 흐름을 조절할 때도 조사는 영향을 미친다. 작가는 조사의 선택을 통해 문장의 흐름과 강세를 조절하며, 독자에게 작품의 분위기를 전달한다. 이러한 이유로 조사는 문학 작품에서 작가의 의도를 명확히 전달하는 데에 핵심적인 역할을 한다.

김훈 작가의 고민처럼 조사는 우리 언어생활에서 매우 중요한 역할을 한다. 그렇기에 나는 이메일이든 보고서든 조사에 항상 신경을 쓴다. 적절한 조사 사용은 우리의 의사소통을 명확히 하고, 문장의 의미를 정확하게 전달하며, 감정과 분위기를 효과적으로 표현하는 데에 필수적인 요소다. 조사의 중요성을 인식하고 신중하게 선택하는 것은 글쓰기의 기본이자, 독자와의 효과적인 소통을 위한 필수 조건이다.

업무상 보고서를 만들 때나 이메일을 쓸 때, 주술 관계를 정확히 정리해서 써 놓고도 단어의 조사를 끝맺지 못하고 고민하곤 한다. "다음 주에는 공유 바랍니다. 다음 주까지 공유 바랍니다. 다음 주에 공유 바랍니다." 내가 너무 민감한 걸까?

정보는 시간순이다

내 컴퓨터 폴더의 파일 이름은 '24.05.20 착공 신고 서류 리스트'와 같이 되어 있다. 항상 연도와 일자가 먼저 나오고 제목이 뒤에 나온다. 내가 생성하는 파일은 물론 이메일이나 메신저로 받은 파일도, 날짜를 앞에 적은 후 제목을 내가 쉽게 알아볼 수 있도록 바꾼다. 이러한 시간순 정렬 기준을 적용하면 모든 파일은 생성이나 접수 날짜에 따라 정렬된다. 20여 년 넘게 지켜온 내 문서 관리의 원칙이다.

이 원칙은 내 일상 업무에서 큰 효과를 발휘한다. 시간순으로 정리된 파일은 어떤 프로젝트가 어느 시점에 시작되었고, 어떤 단계로 진행되었는지 한눈에 파악할 수 있게 해준다. 예를 들어, '24.05.20 착공 신고 서류 리스트'라는 파일 이름만 보더라도, 2024년 5월 20일에 착공 신고 관련 서류가 준비되었음을 즉시 알 수 있다. 이는 업무의 흐름을 파악하고, 특정 시점의 자료를 찾는 데 있어 매우 유용하다.

다른 사람이 만든 파일의 제목은 어떻게 할 것인가? 예를 들어, '사업 계획 분석 자료_v0.9_20240512'와 같은 파일을 이메일에서 내려받아 폴더에 저장하면, 생성 일자가 뒤에 있기에 가나다순으로 정렬되며 어딘가에 저장된다. 쉽게 찾지를 못한다. 제목을 바꾸지 않으면 내 문서 관리 원칙에 맞지 않는다. 그렇기에 이를 '24.05.12 사업 계획 분석 자료 (홍길동 팀장)'과 같이 변경한다. 이렇게 하면 생성 날짜에 따라 정렬되고, 생성한 사람의 이름까지 포함되어 있어 검색하기 쉽다.

정보를 시간순으로 정리하면 이후 검색이나 변경 작성에 용이하다. 예를 들어, 특정 프로젝트의 모든 관련 파일을 시간순으로 나열해 두면, 그 프로젝트의 진행 상황을 시계열적으로 쉽게 추적할 수 있다. 또한, 필요할 때마다 최신 파일을 바로 찾을 수 있어 업무 효율이 크게 향상된다.

또한, 정보의 무결성을 유지하는 데에도 도움이 된다. 시간순으로 정리된 파일은 중복을 피하고, 오래된 버전을 쉽게 식별할 수 있게 해준다. 이는 불필요한 파일이 쌓이는 것을 방지하고, 필요한 최신 정보를 항상 유지하게 해준다.

정보는 시간순으로 정리하는 것이 가장 효율적이다. 이는 문서의 체계적인 관리와 검색의 용이성, 그리고 업무의 효율성을 높이는 데 큰 도움이 된다. 20여 년 넘게 지켜온 이 원칙 덕분에 나는 언제나 필요한 정보를 빠르게 찾을 수 있었고, 업무의 흐름을 원활하게 유지할 수 있었다. 앞으로도 이 원칙을 지키며 정보 관리의 중요성을 실천해 나갈 것이다.

4장 후배 육성

學而時習之 不亦說乎

논어의 '學而時習之 不亦說乎'는 평소에도 항상 공부하고 배우는 것의 중요성을 강조한다. 이 문구는 "배우고 그것을 때때로 익히니 기쁘지 아니한가?"라는 의미를 담고 있으며, 꾸준한 학습이 주는 기쁨과 중요성을 설명한다. 우리의 삶에서 지식은 계속해서 변화하며 발전하고 있다. 이에 따라 우리도 꾸준히 새로운 지식을 습득하고 배워야 한다. 학문적인 지식이든 실생활에서 유용한 기술이든, 우리는 끊임없이 배우고 성장해야 하는 것이다.

평소에 학습을 게을리하는 것은 우리의 성장과 발전을 저해할 뿐만 아니라, 현대 사회에서 경쟁력을 갖추는 데도 걸림돌이 될 수 있다. 지식의 확장과 학습은 우리의 역량을 향상시키고, 새로운 기회를 창출하며, 더 나은 미래를 준비하기 위해 도움을 준다. 또한, 지식을 습득하고 배우는 것은 우리의 마음과 영혼을 더욱 풍요롭게 만들어 준다. 새로운 지식을 통해 우리는 세계를 더 잘 이해하고, 더욱 풍부한 삶을 살 수 있다.

지식은 또한 우리를 더 나은 사람으로 성장시키고, 더 큰 이해와 관용을 가져다준다. 다양한 지식을 접하면서 우리는 타인과의 소통 능력을 향상시키고, 다양한 관점을 이해하게 된다. 이는 결국 우리를 더 성숙하고 포용력 있는 사람으로 만든다. 따라서, '學而時習之 不亦說乎'의 정신을 따라 우리는 평소에도 항상 학습하고, 지식을 증진시키는 노력을 게을리하지 않아야 할 것이다.

지식은 우리의 인생을 풍요롭게 만든다. 학습을 통해 우리는 자신의 한계를 극복하고, 더 나은 미래를 위한 길을 닦을 수 있다. 지속적인 학습은 개인의 성장뿐만 아니라 사회 전체의 발전에도 기여한다. 그러므로 우리는 일상에서 학습의 중요성을 인식하고, 이를 실천하기 위해 끊임없이 노력해야 한다.

'學而時習之 不亦說乎'라는 공자의 가르침은 오늘날에도 여전히 유효하다. 지식을 추구하고 학습하는 것은 단순히 정보를 얻는 것을 넘어서, 삶의 질을 향상시키고, 더 나은 사회를 만드는 데 기여하는 중요한 활동이다. 따라서 우리는 끊임없는 학습을 통해 지혜를 쌓고, 이를 바탕으로 더욱 풍요롭고 의미 있는 삶을 살아가야 할 것이다.

모소대나무

중국 극동지방에서 자라는 모소대나무는 씨를 뿌린 이후 4년 동안 고작 3센티미터만 자란다고 한다. 하지만 5년째 되는 날부터 하루에 무려 30센티미터가 넘게 자라기 시작한다. 그렇게 6주 만에 15미터 이상 자라게 되고 곧 주변은 빽빽하고 울창한 대나무 숲이 된다. 6주 만에 급격한 속도로 성장한 것처럼 보이지만, 사실 이 모소대나무는 씨앗이 움트고 나서 4년 동안 땅속에서 수백 제곱미터의 뿌리를 펼친다고 한다.

당장 눈앞에 결과가 보이지 않는다고 실망하지 않고, 더 크게 자라기 위해 때를 기다리며 준비하는 모소대나무를 생각해 본다. 우리 삶에서의 변화와 성장은 가끔 예상하지 못한 방향에서 시작된다. 모소대나무가 4년 동안 성장하지 않는 것처럼 보였지만, 그동안 뿌리를 수백 제곱미터에 이르는 넓은 영역으로 확장하며 성장을 준비하고 있었다. 이러한 사실은 노력과 인내의 중요성을 강조한다. 우리는 대부분 즉각적인 보상을 기대하고, 즉시 결과를 원하는 경향이 있다. 하지만 성장과 변화는 시간이 걸리고, 노력과 인내가 필요하다. 모소대나무가 4년 동안 뿌리를 넓게 펼치며 준비를 한 것처럼, 우리도 노력과 인내를 통해 내면적으로 성장하고 준비해야 한다.

모소대나무는 4년 동안 성장하지 않았지만, 그 뒤로 성장하기 시작했다. 이는 우리가 오랜 시간 동안 노력하고 참으면서 기다려야 할 수도 있다는 것을 상기시켜 준다. 우리는 쉽게 포기하지 말고, 오랜 시간 동안 노력하고 참음으로써 성장의 기회를 잡아야 한다.

마지막으로, 변화와 성장은 우리가 내면적으로 강화되고 준비되는 동안에만 가능하다. 모소대나무의 뿌리가 강력하고 넓을수록, 외부적인 변화와 성장에 대해 더 큰 기회를 얻을 것이기 때문이다. 따라서, 우리는 자신의 내면을 강화하고 뿌리를 넓히는 것에 중점을 두어야 한다. 변화와 성장은 노력과 인내가 있어야 한다. 우리는 오랜 시간 동안 노력하고 내면적으로 준비됨으로써, 더 큰 성장과 성공을 이룰 수 있을 것이다.

멘토

'멘토(Mentor)'라는 단어는 그리스 신화에서 유래되었다. 오디세우스가 트로이 전쟁에 출전하면서, 그의 아들 텔레마코스를 돌보고 지도해줄 친구 멘토르에게 부탁한 데서 비롯되었다. 멘토르는 오디세우스의 부탁을 받아들여, 지혜와 경험을 바탕으로 텔레마코스를 돌보았다. 이처럼 멘토의 역할은 지식과 경험을 나누고, 성장과 발전을 돕는 것이다.

현대의 조직에서도 멘토링은 중요한 역할을 한다. 특히 리더는 멘토의 역할을 수행함과 동시에, '멘티(Mentee)'를 관리하고 지원하는 중요한 임무를 맡는다. 리더십과 멘토링의 결합은 팀의 역량을 극대화하고 성과를 높이는 데 필수적이다.

리더가 멘토의 역할을 수행할 때, 경험과 지식을 바탕으로 팀원들에게 지침을 제공하고, 그들의 성장을 도울 수 있다. 멘토링은 단순히 업무 지도를 넘어, 팀원들의 개인적인 성장을 지원하는 데 중점을 둔다. 리더는 팀원들이 직면한 문제나 도전에 대해 조언하고, 그들이 스스로 해결책을 찾을 수 있도록 돕는다. 이를 통해 팀원들은 문제 해결 능력을 기르고 자신감을 얻는다.

또한, 멘티를 관리하고 지원하는 역할도 중요하다. 리더는 멘토로서 멘티가 필요로 하는 자원을 제공하고, 그들이 목표를 달성할 수 있도록 지속적인 지원을 해야 한다. 이는 멘티의 성장을 촉진할 뿐만 아니라, 팀 전체의 역량을 강화할 수 있게 만든다. 멘티가 성장하면 팀의 전반적인 성과도 자연스럽게 향상된다.

멘토링 관계는 또한 조직 내에서 신뢰와 협력 문화를 촉진한다. 리더가 팀원들과의 신뢰를 바탕으로 멘토링을 수행하면, 팀원들은 자신의 역할에 대해 더 큰 책임감을 느끼고 팀에 대한 소속감도 강해진다. 이는 팀의 결속력을 높이고 협업의 효과를 극대화한다.

리더가 멘토의 역할을 충실히 수행할 때, 팀원들은 자신의 잠재력을 최대한 발휘할 수 있는 환경에서 일하게 된다. 이는 팀원들의 만족도를 높이고, 조직의 성과를 극대화하는 결과를 가져온다. 또한, 멘토링을 통해 팀원 간의 유대감이 강화되면, 조직 내에서의 협력과 소통도 원활해진다.

Ditto

    김난도 서울대학교 소비자학과 교수가 2024년 소비 트렌드 시장을 분석하며, [트렌드 코리아 2024]의 소비 트렌드 키워드로 '드래곤 아이즈(DRAGON EYES)'를 제안했다. 인공 지능의 시대지만 인간의 인문학적 역량을 활용해 '화룡점정'해야 한다는 의미로, '용의 눈'을 뜻하는 '드래곤 아이즈'를 선택했다고 한다. 각각의 열 가지 철자는 열 가지의 소비 트렌드의 대표 철자이다.

    그중 철자 'Y'는 "You choose, I'll Follow: Ditto Consumption"이다. 김난도 교수는 'Ditto Consumption'을 자기와 취향이 비슷한 유명인의 선택을 따라 하는 것이라고 했다. 여기서 Ditto는 나도 같다거나 공감한다는 것을 의미한다.

    그는 과잉의 시대, 나의 가치관과 취향을 반영하는 사람, 콘텐츠, 유통 채널의 선택을 따라하는 '디토 소비'가 앞으로도 더욱 심화될 것으로 전망했다. 구매 의사 결정에 따르는 복잡한 과정과 시간을 건너뛰어, 최적의 선택을 추구하는 소비 심리가 강해진다는 분석이다. 철자 'D'는 "D-

Don't waste a single second", 1분 1초가 아까운 세상에 시간이 돈보다 더 중요한 자원으로 변모한다는 '분초 사회' 트렌드를 의미한다.

그중에서도 가장 먼저 추종하는 것은 '사람'이라고 설명했다. 각종 SNS를 통해 인플루언서의 일거수일투족을 지켜본다. 그리고 인플루언서의 취향과 본인의 취향이 비슷하다는 생각을 갖게 되며, 그들의 구매에 동조하거나 추천하는 상품을 구매한다. 이처럼 사람들은 신뢰하는 인플루언서의 선택을 따라서 함으로써 자신도 유사한 선택을 하게 된다.

리더는 이러한 소비 추세를 유념해야 한다. 리더는 본인의 말과 행동, 업무 추진 방식을 통해 팀원들에게 인플루언서가 될 수 있다. 변화하는 소비자 트렌드에 따라 팀원들이 리더를 추종할 경우, 그의 추천이나 행동을 주저 없이 따라 할 수 있기 때문이다. 리더는 자신의 말과 행동이 팀원들에게 큰 영향을 미칠 수 있다는 사실을 잊지 말아야 한다.

리더가 본인도 인플루언서가 될 수 있기에 말과 행동을 조심해야 한다는 점은 특히 중요하다. 팀원들이 리더를 신뢰하고 그의 행동을 따라 할 때, 리더의 행동과 결정이 조직 전체의 문화와 성과에 큰 영향을 미칠 수 있다. 따라서 리더는 신중하게 말하고 행동하며, 팀원들에게 긍정적인 영향을 미칠 수 있도록 노력해야 한다. 이는 단순히 개인의 책임을 넘어, 조직 전체의 성공과 직결되는 중요한 요소이다.

인문학은 밥이다

김경집 교수의 저서 제목인 '인문학은 밥이다'는 인문학의 중요성을 단적으로 표현한 말이다. 현대 사회에서 인문학 열풍은 사그라지지 않고 계속해서 확산하고 있다. 인터넷의 발달로 지식의 홍수가 이루어지고 있지만, 이러한 지식을 습득하면서도 많은 사람들이 뭔가 부족하다고 느끼는 이유는, 인문학적 소양과 감성에 대한 목마름 때문일 것이다.

지식의 축적에만 매달리는 현대인들은 인간성을 회복하지 못하고, 자신을 돌아볼 기회를 잃어가고 있다. 그렇기에, 더욱 나은 인간성을 갖추기 위해서는 효율과 생산성에만 초점을 맞추지 말고, 사람의 본질에 대해 깊이 생각해야 한다. 인문학적 사고는 우리에게 이러한 균형을 제공한다. 인문학은 우리가 더 나은 인간이 되기 위해, 그리고 더 나은 사회를 만들기 위해 필요한 통찰력과 감성을 길러준다.

리더는 조직을 관리하면서 업무 지식을 활용하는 것에만 그치지 않고, 자신과 팀원들의 인문학적 소양과 감성을 기르는 데도 힘써야 한다. 이는 단순히 업무 효율성을 높이는 것을 넘어, 조직 구성원들이 서로를 이해하고 존중하는 문화를 형성하는 데 중요한 역할을 한다. 인문학적 사고를 통해 리더는 팀원들과의 소통을 강화하고, 그들의 잠재력을 최대한 발휘할 수 있도록 도울 수 있다.

인문학은 리더에게 더 나은 의사 결정을 할 수 있는 기준을 제공하기도 한다. 인간의 본질과 사회적 가치를 깊이 이해함으로써, 리더는 단기적인 성과에 치중하지 않고, 장기적으로 조직의 지속 가능한 발전을 추구할 수 있다. 예를 들어, 팀원의 개인적 성장을 지원하고, 그들의 다양한 의견을 존중하며, 공정하고 윤리적인 기준을 준수하는 리더십은 조직의 건강한 문화를 조성하는 데 필수적이다.

인문학은 단순한 학문적 영역을 넘어, 우리의 삶과 조직 운영에 있어 필수적인 요소이다. 리더는 인문학적 소양과 감성을 바탕으로 조직을 끌어 나가야 하며, 이를 통해 진정한 의미에서 사람을 중심에 두는 문화를 만들어 나가야 한다. "사람이 먼저다"라는 말처럼, 인문학은 모두가 건강하고 균형 잡힌 삶을 살아가기 위한 필수적인 양식이다.

철학은 질문에서 시작된다

김경집 교수는 저서 《인문학은 밥이다》에서 "철학은 질문에서 시작된다."라고 했다. "내가 먼저 질문을 던질 수 있어야 한다. 지금 우리에게 필요한 것은 사고의 대전환이다. 내가 먼저 생각하고 고민하고 따지면서, 그에 맞는 답을 누가 알맞게 제시하고 있는지 검토하면 된다. 그들을 똑같이 따라가야 하는 건 아니다. 오히려 나에게 그들이 따라오게 해야 한다. 철학은 질문에서 시작된다. 그리고 질문 속에 이미 답의 반은 들어 있다."

리더는 질문하는 사람이어야 한다. 질문은 단순한 정보 요청을 넘어, 사고의 출발점이자 방향을 설정하는 중요한 단계이다. 리더가 먼저 생각하고 고민한 후 팀원에게 질문을 던짐으로써, 팀원의 업무를 관리하고 의사 결정을 해야 한다. 이는 단순한 문제 해결을 넘어, 팀원들과의 깊이 있는 소통을 가능하게 하고, 그들의 잠재력을 이끌어내는 중요한 역할을 한다.

리더가 먼저 고민하고 질문을 던질 때, 팀원들은 그 질문에 대해 자기 생각을 표현하고, 문제에 대해 다양한 시각을 제시할 수 있다. 이를 통해 팀 전체의 사고가 확장되고, 보다 창의적이고 효과적인 해결책을 찾을 수 있다. 질문 속에 이미 답의 반이 들어 있다는 김경집 교수의 말처럼, 좋은 질문은 문제 해결의 실마리를 제공하고, 팀원들이 스스로 답을 찾아가는 과정에서 성장할 기회를 제공한다.

예를 들어, 새로운 프로젝트를 시작할 때 리더는 단순히 목표를 지시하는 것이 아니라, "이 프로젝트의 주요 목표는 무엇이며, 이를 달성하기 위해 어떤 전략이 가장 효과적일까요?"와 같은 질문을 던질 수 있다. 팀원들이 이 질문에 대해 고민하고 답을 제시하는 과정에서, 프로젝트의 방향이 명확해지고, 모두가 공감할 수 있는 전략이 수립될 수 있다. 리더가 질문을 통해 팀원들의 생각을 끌어낼 때, 팀은 단순한 업무 수행을 넘어, 지속적인 발전과 혁신을 추구할 수 있게 된다.

결국, 리더는 항상 먼저 생각하고 고민한 다음 팀원에게 질문을 던짐으로써, 업무를 진행하고 의사 결정을 해야 한다. 철학은 질문에서 시작되기에, 리더의 질문은 팀의 성장을 이끄는 중요한 도구가 된다. 리더가 먼저 질문하고 팀원들과 함께 답을 찾아가는 과정을 통해, 조직은 더욱 견고하고 창의적인 방향으로 나아갈 수 있다. 철학은 멀리 있지 않다. 질문이 곧 철학의 시작이다.

많이 읽자

지식과 경험의 원천 중 전통적으로 강조되어 온 것은 독서이다. 독서를 통해 지식을 넓히고, 그 지식에 따라 올바르게 말하고 듣고 읽고 쓸 수 있는 능력을 갖출 수 있다고 이해됐다. 직접 경험만이 중요한 시대는 지났다. 농경 시대에는 나이 든 사람들이 현명하다고 여겨졌다. 그 시대에는 직접 경험만이 존재할 수밖에 없었기 때문이다. 그러나 현대에 이르러서는 책의 출현으로 인해, 이러한 논리가 더 이상 유효하지 않게 되었다. 더 나아가 디지털 정보들이 넘쳐나면서, 책을 읽는 것에 더해 이미지나 영상을 통해서도 지식과 경험을 늘릴 수 있다. 간접 경험이 그만큼 더 영향력이 커진 것이다.

독서는 우리가 간접 경험을 쌓는 데 있어 중요한 도구 중 하나이다. 책을 통해 우리는 다양한 시대와 문화, 그리고 삶의 방식을 접할 수 있게 되었다. 독서를 통해 우리의 사고를 확장하고, 깊은 통찰을 제공받아서 더 나은 결정을 내릴 수 있게 되었다. 예를 들어, 역사책을 통해 우리는 과거의 실수와 성공에서 교훈을 얻을 수 있으며, 소설을 통해 다양한 인간관계와 감정을 이해할 수 있게 되었다.

그러나 현대 사회에서는 독서만으로는 충분하지 않다. 디지털 미디어의 발전으로 우리는 다양한 이미지나 영상을 통해, 더 생생하고 다채로운 경험을 할 수 있게 되었다. 유튜브와 같은 플랫폼은 교육적인 콘텐츠부터 다큐멘터리, 전문가의 강의 등 다양한 지식을 제공하여, 우리의 경험을 풍부하게 만들 수 있게 도움을 준다. 나는 아직도 활자를 좋아해서 책을 많이 읽으려고 노력하지만, 유튜브 영상에 더 쉽게 빠지는 것은 어쩔 수 없다. 이는 보다 직관적인 정보의 습득이 중요해진 것을 의미한다.

삶을 살아가면서 본인의 지식과 경험의 한계를 극복하기 위해서는, 많이 읽고 많이 보아야 한다고 생각한다. 책과 디지털 미디어는 서로 보완적이며, 우리의 지식과 경험을 풍부하게 만든다. 우리는 책을 통해 깊이 있는 지식을 얻고, 영상을 통해 생생한 간접 경험을 쌓을 수 있다. 이러한 다양한 간접 경험은 우리를 더 넓은 시야와 깊은 이해로 이끌어 주며, 더 나은 선택과 성취를 가능하게 해준다.

따라서, 우리는 항상 많이 읽고 많이 보는 것을 목표로 삼아야 한다. 우리 삶의 질을 높이고, 더 나은 미래를 위해 준비하는 중요한 방법이기 때문이다. 책과 디지털 미디어의 적절한 조화를 통해, 우리는 보다 풍부한 지식과 경험을 쌓아갈 수 있을 것이다.

스핀 오프

"리더의 역할은 팀원들이 스핀 오프할 수 있는 환경을 조성하는 것입니다." 얼마 전에 읽은 인터넷 글이다. 그래서 찾아 보고 알게 된 용어가 '스핀 오프'이다. 스핀 오프(Spin-off)는 비즈니스 용어로 시작했지만, 그 개념은 우리의 일상에서도 유용하게 적용될 수 있다. 스핀 오프는 어떤 아이디어나 제품, 서비스에서 파생된 새로운 분야나 기회를 의미한다. 이는 우리의 배움과 자기 계발에도 큰 영감을 줄 수 있다.

우리의 학습 과정도 마찬가지이다. 처음에는 특정한 주제나 분야에 집중하고, 그 안에서 기본적인 지식과 기술을 익히게 되는데, 점차 이것만으로는 한계에 부딪힐 수 있다. 이때, 스핀 오프의 개념을 적용해 보면, 우리는 기존의 지식을 기반으로 새로운 영역으로 확장해 나갈 수 있을 것이다.

예를 들어, 프로그래밍에 관심이 있는 사람이라면 처음에는 하나의 언어를 배우고, 그 언어로 프로그램을 개발하는 기술을 익힐 것이다. 그러나 이후에는 이러한 기술을 활용하여, 앱 개발이나 데이터 분석 등 다양한 분야로 확장해 나갈 수 있다. 이것이 스핀 오프의 일례이며, 이러한 확장은 우리의 역량과 경험을 풍부하게 만들어 줄 수 있다.

그러나, 스핀 오프는 단순히 새로운 분야로 확장하는 것만이 아니다. 때로는 우리가 배운 것 중에서 중요하지 않거나 필요하지 않은 부분을 가지치기하는 것이 필요하다. 이를 통해 우리는 더욱 효율적으로 학습하고 성장할 수 있을 것이다. 중요한 것은 자신에게 유익한 부분을 찾아내어 집중하고, 그렇지 않은 부분은 과감히 포기하는 것이다.

또한, 스핀 오프의 개념을 학습에 적용한다는 것은, 단순히 이론적인 지식 습득에만 치우치지 않고, 현실 세계와의 연관성을 찾는 것을 의미한다. 우리가 배운 내용이 실제 업무나 프로젝트에 어떻게 적용될 수 있는지를 고민하고, 이를 실지로 시도해 보는 것이 중요하다. 이 과정을 통해 우리는 더 나은 해결책을 찾고, 실질적인 경험을 쌓을 수 있다.

학습에서도 스핀 오프의 개념을 적극적으로 도입하여, 주변 지식까지 계속 습득해 가는 것이 중요하다. 가지치기를 통해 더 나은 학습과 성장을 이룰 수 있으며, 이를 통해 경험과 지식을 쌓아나갈 수 있을 것이다. 지속적인 확장과 가지치기를 통해, 우리는 더욱 풍부하고 유용한 지식을 습득하며, 새로운 기회를 창출할 수 있을 것이다.

지불 용의

'지불 용의(Willingness to Pay)'는 소비자가 특정 상품이나 서비스에 대해 지불할 의사가 있는 최대 금액을 의미한다. 경제학과 마케팅 분야에서 매우 중요한 개념으로, 소비자의 수요를 파악하고 시장 가격을 결정할 때 핵심적인 역할을 한다. 최근의 조직 환경에서는 이러한 개념이 리더십과 팀 관리에도 적용될 수 있다고 생각한다.

현대의 조직은 과거와는 다른 다양한 성향과 역량을 가진 팀원들로 구성되어 있다. 자기주장이 강하고 조직보다는 개인을 우선시하는 경향이 있는 팀원들이 많아지면서, 리더는 이들의 지불 용의를 정확히 파악해야 한다. 이는 단순히 금전적인 보상뿐만 아니라, 업무의 목표와 기대, 그리고 평가 방식을 결정함에 있어서도 해당할 수 있다.

과거에는 리더가 자신의 경험과 성공 사례를 바탕으로, 팀원들에게 동일한 업무 수행 방법과 성과를 기대하는 경향이 있었다. 그러나 이러한 접근 방식은 변화된 환경에서는 효과적이지 않을 수 있다. 각 팀원의 성향과 역량이 다르기 때문에, 그들의 지불 용의도 각기 다를 수 있기 때문이다. 그렇기에 팀원들이 어떤 방식으로 동기 부여를 받고, 어떤 목표를 달성하기 위해 얼마나 노력할 의사가 있는지를 먼저 파악해야 한다.

리더는 팀원 개개인의 지불 용의를 이해하고, 이를 바탕으로 현실적이고 달성할 수 있는 목표를 설정해야 한다. 예를 들어, 어떤 팀원은 금전적 보상에 더 큰 가치를 두지만, 어떤 팀원은 업무의 자율성이나 자기계발의 기회를 더 중시할 수 있다. 이러한 차이를 이해하고 각 팀원의 지불 용의에 맞춘 목표 수립과 평가 방식을 채택함으로써, 리더는 팀의 전반적인 성과를 극대화할 수 있다.

정리하면, 현대의 리더는 과거의 일방적인 접근 방식을 지양하고, 변화된 환경에서 팀원들의 지불 용의를 정확하게 파악하는 것이 중요하다. 이를 통해 각 팀원에게 동기를 부여하고, 조직의 목표를 효율적으로 달성할 수 있는 전략을 마련할 수 있다. 이는 궁극적으로 팀 전체의 성공과 성과를 높이는 데 기여할 것이다.

도파밍

도파밍(Dofarming)은 [트렌드 코리아 2024]에서 선정한 올해의 키워드로, '도파민(dopamine)'과 '파밍(farming)'의 합성어이다. 이 용어는 현대인이 새로운 자극과 즐거움을 추구하는 행동 양식을 설명한다. 도파민은 새로운 경험이나 흥미로운 활동을 할 때 분비되는 신경 전달 물질로, 사람들은 이 도파민을 즐기기 위해 다양한 활동을 시도하게 된다. 이러한 현상을 '도파밍'이라 부른다.

도파밍은 변화하는 환경에서 소비자들이 어떻게 행동할 것인지를 예측하면서 만들어진 용어이다. 현대 사회에서는 콘텐츠 소비 패턴이 변화하면서, 소비자들의 집중력이 낮아지고 짧고 강렬한 자극을 선호하게 되었다. 이는 유튜브 쇼츠와 인스타그램 릴스와 같은 짧은 영상 콘텐츠의 유행에서 잘 나타난다. 코로나 팬데믹 이후에는 '갓생' 살기와 같은 목표 지향적 삶에 대한 피로감이 커지면서, 단순하게 재미를 추구하는 경향이 강해졌다.

도파밍의 핵심은 '그냥'이라는 단어로 대표된다. 명확한 이유나 목표

없이 단순히 재미를 추구하는 경향을 의미하며, 이는 현대 사회의 과도한 경쟁과 성과주의에서 벗어나고자 하는 일탈 심리를 반영한다.

이러한 변화는 예측 불가능한 랜덤 상황에서의 재미를 추구하거나, 상식과 평범함을 벗어나는 일탈을 즐기는 형태로 나타난다. 또한, 실현이 어려운 무모한 도전을 하거나, 스트레스 해소를 위해 기괴한 경험을 추구하는 등 상식적으로 이해하기 어려운 활동을 하기도 한다.

조직 생활에서도 이러한 변화가 반영되어야 한다. 과거처럼 정형화되고 규칙이 엄격히 적용되는 환경은 더 이상 유효하지 않을 수 있다. 리더는 더욱 유연한 사고를 기르고, 팀원들의 변화된 트렌드를 고려해야 한다. 이를 통해 불필요한 갈등을 줄이고, 업무 효율성을 높일 수 있다.

도파밍은 현대인의 변화된 소비 및 행동 패턴을 잘 보여주는 개념으로, 이를 이해하고 대응하는 것이 중요하다. 리더는 팀원들의 도파밍 성향을 고려하여 목표를 설정하고, 유연한 접근 방식을 통해 조직의 성과를 극대화할 수 있도록 힘써야 한다고 생각한다.

연탄재 함부로 발로 차지 마라

연탄재 함부로 발로 차지 마라

너는

누구에게 한 번이라도 뜨거운 사람이었느냐

　안도현 시인의 시 '너에게 묻는다'의 한 구절이다. 이 시는 우리에게 연탄재를 단순한 쓰레기나 불필요한 것으로 보지 말라고 경고한다. 연탄재는 한때 연탄이었던, 즉 불을 피우기 위해 자신을 태운 후 남은 것이다. 이는 자신을 불태워 누군가에게 따뜻함을 주었던 흔적을 의미한다. 시의 마지막 두 줄에서 시인은 독자에게 묻는다. "너는 누구에게 한 번이라도 뜨거운 사람이었느냐" 이는 자신을 희생하여 다른 사람에게 따뜻함과 사랑을 주었던 경험이 있는지 자문하게 한다.

　"연탄재 함부로 발로 차지 마라"는 단순히 연탄재를 무시하지 말라는 경고가 아니다. 이 문구는 우리의 삶에서 타인의 희생과 사랑을 돌아보게 만든다. 직장 동료나 사회생활의 동반자로서, 때로는 이기적으로 행동하는 나 자신을 반성하게 한다. 연탄재는 한때 자신을 태워 주위를 따뜻하게 했던 연탄의 흔적이다. 이를 통해 시인은 우리에게 묻는다. "누군가를 위해 한 번이라도 뜨거운 사람이었느냐?" 이 질문은 우리가 타인을 위해 희생하고 사랑을 베푸는 삶의 중요성을 일깨운다.

우리는 종종 바쁜 일상에서 다른 사람들의 희생과 노력을 간과하곤 한다. 하지만, 이 시는 우리에게 그러한 희생의 흔적을 다시금 생각하게 한다. 연탄재는 그 자체로 누군가의 따뜻한 순간을 만들어 준 결과물이다. 따라서 우리는 연탄재를 함부로 차지 말아야 한다. 이는 곧 타인의 희생을 존중하고 감사하는 마음을 가지라는 의미이다.

우리는 직장과 사회생활 속에서 때로는 이기적이기 쉽다. 그러나, 이 시를 통해 자기 행동을 돌아보고, 누군가를 위해 뜨거운 사람이 될 기회를 찾는 것이 중요하다. 이는 단순히 다른 사람을 돕는 것을 넘어서, 인간으로서의 가치를 되새기는 일이기도 하다.

따라서, 이제 우리는 타인의 희생과 사랑을 기억하고, 우리도 다른 이들에게 따뜻함을 전할 수 있는 사람이 되기를 다짐해야 한다. 이 다짐은 우리의 삶을 더 풍요롭게 만들고, 인간관계를 더욱 따뜻하게 만들어 줄 것이기 때문이다.

적지적수(敵地敵樹)

'적지적수(敵地敵樹)'란 한자 뜻 그대로 적합한 땅에 적합한 나무를 심는다는 말이다. 이는 단순히 나무를 심는 원칙에 그치지 않고, 사람과 조직의 리더십에도 중요한 교훈을 준다. 나무가 자라기 위해서는 그 땅의 특성과 환경이 맞아야 하듯이, 사람도 자신의 역량과 성향에 맞는 환경과 그에 맞는 역할이 주어질 때 최선을 다할 수 있다.

리더십에서 적지적수의 개념을 도입하는 것은 팀원들의 역량을 정확히 파악하고, 그들이 가장 좋아하고 성과를 낼 수 있는 업무를 부여하는 것을 의미한다. 이는 단순히 각자의 강점을 고려하는 것을 넘어, 그들의 잠재력을 최대한 발휘할 수 있도록 돕는 것을 포함한다. 리더는 팀원 개개인의 강점과 약점을 세심하게 파악하고, 이를 바탕으로 각자의 역할을 배정하는 중요한 역할을 맡아야 한다.

예를 들어, 창의적이고 혁신적인 아이디어를 제시하는 능력이 뛰어난 팀원에게는, 새로운 프로젝트나 브레인스토밍 세션을 주도하게 하는 것이 좋다. 반면, 꼼꼼하고 세부적인 업무를 잘 처리하는 팀원에게는, 프로젝트의 마감 작업이나 품질 관리를 맡기는 것이 효과적이다. 이는 각 팀원이 자신의 강점을 최대한 발휘할 수 있는 환경을 제공함으로써, 전체 팀의 성과를 극대화할 수 있는 전략이다.

리더가 적지적수의 원칙을 제대로 활용하려면, 먼저 팀원들과의 긴밀한 소통이 필요하다. 팀원들과의 정기적인 면담 등을 통해 그들의 생각과 감정을 이해하고, 그들이 어떤 업무에서 가장 큰 만족감을 느끼는지 파악하는 것이 중요하다. 이를 바탕으로 각자의 역량에 맞는 업무를 부여하면, 팀원들은 자신이 중요한 역할을 하고 있다는 느낌을 받게 되어, 더 큰 책임감과 동기 부여를 가지게 된다.

적지적수의 원칙을 리더십에 도입하는 것은, 개인과 조직 모두에게 이익이 된다. 팀원들은 자신에게 맞는 역할에서 최선을 다할 수 있고, 조직은 이러한 개인들의 역량이 모여 시너지 효과를 발휘하게 된다. 따라서, 리더는 팀원 개개인의 특성과 강점을 이해하고, 이를 바탕으로 가장 적합한 역할을 부여하는 데 주력해야 한다. 이렇게 적지적수를 실천함으로써 조직 전체의 성과와 만족도를 높일 수 있다.

피그말리온 효과

리더십의 일부로서 팀원들에 대한 긍정적인 기대와 믿음이 중요하다고 할 때, 자주 언급되는 용어가 '피그말리온 효과(Pygmalion effect)'이다. 이는 타인의 기대가 개인의 행동이나 성과에 긍정적인 영향을 미칠 수 있는 현상을 의미한다. 특히 교육 심리학과 조직 행동 연구에서 중요하게 다루어진다. 이 효과는 그리스 신화에 나오는 피그말리온 왕의 이야기에서 유래했다. 피그말리온 왕은 자신의 조각상에 반해 그것이 살아나기를 간절히 바라게 되고, 결국 조각상이 실제 인간으로 변하게 된다는 내용이다. 이 신화는 강한 믿음과 기대가 현실로 실현될 수 있다는 점을 상징한다.

피그말리온 효과의 대표적인 연구로는 Robert Rosenthal과 Lenore Jacobson이 1968년에 실시한 실험이 있다. 이 실험에서 초등학교 교사들에게 무작위로 선택된 학생들이 지능검사에서 뛰어난 성적을 보였다고 거짓 정보를 제공했다. 그 결과, 교사들은 이 학생들에게 더 많은 관심과 긍정적인 기대를 하게 되었고, 실제로 이 학생들의 성적은 향상되었다. 이는 교사의 긍정적인 기대가 학생의 성취에 영향을 미친다는 것을 보여준다.

피그말리온 효과의 주요 요소는 세 가지로 구분할 수 있다. 첫째, 타인의 행동이나 성과에 대한 기대가 존재해야 한다. 둘째, 기대를 받은 사람이 그 기대에 맞추기 위해 행동을 변화시킨다. 마지막으로, 이러한 행동 변화가 실제로 성과나 결과로 이어진다.

피그말리온 효과와 반대로 부정적인 기대가 부정적인 결과를 초래하는 골렘 효과(Golem effect)도 있다. 따라서 피그말리온 효과를 활용하려면 긍정적이고 현실적인 기대를 설정하는 것이 중요하다.

피그말리온 효과는 교육 현장뿐만 아니라 비즈니스, 스포츠, 개인 발전 등 다양한 분야에서 적용될 수 있으며, 이를 통해 개인의 잠재력을 최대한 끌어낼 수 있다. 리더도 팀원들에게 긍정적인 기대와 믿음을 제공함으로써, 개인은 물론 조직의 성과 달성에 긍정적인 영향을 미칠 수 있다고 생각한다. 조각상이 실제 인간으로 변화되는 것과 마찬가지의 효과는 충분히 기대할 수 있기 때문이다.

이미지로 검색하라

나는 팀원들에게 포털 검색을 할 때 이미지 위주로 검색하라고 권장한다. 전문 분야든 일반 분야든 필요한 정보의 개념을 이해하기 위해서는, 이미지가 텍스트보다 더 정확하고 직관적인 정보를 제공할 수 있다고 믿기 때문이다. 예를 들어, 특정 제품의 사용법을 설명하는 문서보다, 해당 제품을 실제로 사용하는 사진이나 동영상이 더 명확하고 이해하기 쉽다.

전통적인 정보 습득의 매개체는 인쇄물이었다. 우리는 매일 신문, 잡지, 서적 등을 통해 정보를 습득해 왔다. 이 인쇄물들은 텍스트로 구성되어 있어 독자들은 텍스트를 읽고 해석함으로써 필요한 정보를 얻었다. 포털 사이트를 통해 검색할 때도 우리는 주로 텍스트를 입력하고, 제공되는 링크들을 따라가며 또 다른 문자 정보를 확인하는 방식을 사용해 왔다. 그러나 나는 한 장의 사진이나 동영상이 몇 페이지 분량의 문서보다 더 강렬하고 오래 남는 이미지를 제공한다는 생각을 해왔다.

조간신문의 1면 머리기사를 생각해 보자. 항상 제목과 사진으로 구성되어 있는데, 대부분의 사람은 제목보다는 사진으로부터 그 기사의 의도를 짐작하게 된다. 사진은 순간적으로 강렬한 인상을 남기며, 단 몇 초만에 복잡한 개념을 전달할 수 있다. 이러한 시각적 정보의 힘은 우리가 정보를 습득하는 방식에 있어 중요한 역할을 한다.

유튜브 썸네일도 이러한 점을 잘 보여준다. 사람들은 긴 영상을 선택해서 보기 이전에, 눈에 띄는 썸네일을 보고 먼저 클릭하게 된다. 이는 이미지가 얼마나 강력한 정보 전달 도구인지를 잘 보여준다. 썸네일 하나만으로도 영상의 주요 내용을 파악할 수 있으며, 이는 텍스트로 된 설명이나 제목보다 훨씬 빠르게 우리의 관심을 끌고 정보를 전달한다.

우리는 살아가면서 많은 시간을 정보 검색에 할애한다. 그러므로 더욱 효과적이고 효율적인 정보 습득을 위해 이미지 검색을 활용하는 것이 중요하다고 생각한다. 이미지는 복잡한 정보를 간단하고 직관적으로 전달할 수 있는 강력한 도구이다. 따라서 우리는 텍스트에 의존하는 기존의 방식에서 벗어나, 이미지 검색을 통해 보다 빠르고 정확하게 필요한 정보를 얻는 방법을 적극 활용해야 한다. 이는 단순한 습관의 변화가 아니라, 정보의 홍수 속에서 살아남기 위한 현명한 선택이 될 것이기 때문이다.

비둘기가 스스로 먹이를 찾아

"비둘기가 스스로 먹이를 찾아 생태계의 당당한 일원이 되도록 먹이를 주지 맙시다" 공원에서 자주 볼 수 있는 현수막 내용이다. 이 문구는 자연의 순환 속에서 비둘기가 자립할 수 있도록 도와야 한다는 메시지를 담고 있다. 이는 단순한 동물 보호의 원칙을 넘어, 인간 사회에도 적용될 수 있는 중요한 교훈을 준다. 특히, 후배나 동료가 자신의 삶을 책임지고 자립할 수 있도록, 과도한 지원이나 간섭을 지양해야 한다는 의미로 해석될 수 있다.

물론, 리더는 후배 육성에 대한 책임이 있다. 팀원들이 성장할 수 있도록 돕고, 조직의 성과를 위해 업무에 개입할 수 있다. 그러나 이 과정에서 어느 정도의 경계선은 필요하다. 지나치게 지원하고 가르치는 것은 오히려 자율성을 해치고 책임감을 줄일 수 있다. 후배나 팀원이 스스로 문제를 해결하고 성장할 기회를 박탈하게 되는 것이다.

리더의 역할은 방향을 제시하고 필요한 도구를 제공하는 데 있다. 이후에는 팀원들이 스스로 문제를 해결해 나가며 배우도록 해야 한다. 과도한 개입은 단기적으로는 성과를 높일 수 있을지 모르지만, 장기적으로는 자율성과 책임감을 키우는 데 방해가 될 수 있다. 이는 결국 조직 전체의 성장에도 부정적인 영향을 미칠 수 있다.

팀원이 스스로 문제를 해결하는 과정을 통해 얻는 경험은, 무엇과도 바꿀 수 없는 귀중한 자산이 된다. 이러한 경험을 통해 개인은 성장하고, 조직은 더욱 탄탄해질 수 있다. 리더는 팀원들이 이러한 경험을 쌓을 수 있도록 적절한 거리에서 지원해야 한다. 필요할 때는 조언과 격려를 아끼지 말아야 하지만, 모든 문제를 대신 해결해 주는 것은 지양해야 한다.

예를 들어, 프로젝트 진행 중 어려움을 겪는 팀원이 있다면, 리더는 문제 해결의 방향을 제시하고 필요한 자료를 제공해 줄 수 있다. 그러나 그 문제를 직접 해결해 주기보다는, 팀원이 스스로 해결 방법을 모색하고 실천할 수 있도록 독려하는 것이 중요하다. 이는 팀원이 자신감을 가지고 문제를 해결하는 능력을 기를 수 있게 도와준다.

팀원이 책임감을 가지고 자율적으로 생활할 수 있도록 하는 것은, 리더의 중요한 역할 중 하나이다. 팀원들이 스스로 성장할 수 있는 환경을 조성하고, 그들이 자율적으로 문제를 해결하며 책임감을 가질 수 있도록 도와야 한다. 너무 적극적으로 개입하지 말고, 그들이 스스로 당당한 생태계의 일원이 될 수 있도록 지켜봐 주는 것이 중요하다.

눈 내린 길을 함부로 걷지 마라

　김구 선생님이 인용한 서산대사의 禪詩, "눈 내린 길을 걸을 때 함부로 걷지 마라. 오늘 내가 남긴 발자국이 훗날 다른 사람에게 이정표가 될 것이다."는, 우리의 말과 행동이 미래에 미칠 영향을 강조한다. 이 시는 후대에게 올바른 모범이 되어야 한다는 중요성을 암시한다. 우리의 행동과 결정이 단순히 현재의 순간에만 영향을 미치는 것이 아니라, 후대에도 큰 영향을 미친다는 점을 깊이 깨닫게 해준다.

　우리는 항상 후배들에게 모범이 되어야 한다는 생각을 하고 있어야 한다. 우리의 말과 행동은 우리 주변 사람들에게 큰 영향을 미치며, 특히 후배들에게는 더 큰 영향을 준다. 우리가 어떻게 행동하느냐에 따라 후배들은 우리를 따라 할 것이며, 우리의 모습을 본뜬 행동을 하게 될 수 있다. 따라서, 우리는 항상 말과 행동에 신중해야 한다. 우리의 말 한마디 한마디나, 행동 하나하나가 미래에 영향을 미칠 수 있다는 것을 잊지 말아야 한다.

　존중과 배려, 인정과 겸손의 가치를 실천하는 것은, 우리의 행동이 후배들에게 긍정적인 영향을 주기 위한 필수 조건이다. 우리는 후배들이 우리를 따라올 때 우리의 행동을 모방하리라는 것을 염두에 두어야 한다. 따라서, 우리의 말과 행동이 후배들에게 긍정적인 모범이 되도록 노력해야 한다. 우리의 행동이 후배들에게 올바른 방향을 제시하고, 성숙하고 책임감 있는 사람으로 성장할 수 있도록 도와야 하기 때문이다.

하지만, 이와 같은 책임감을 느끼고 행동하는 것은 쉽지 않다. 우리는 때때로 실수할 수 있고, 잘못된 판단을 내릴 수 있다. 그러나, 중요한 것은 그러한 상황에서도 우리의 실수를 인정하고, 이를 바로잡기 위해 노력하는 자세다. 이러한 태도는 후배들에게 진정한 리더십을 보여주는 것이며, 그들도 같은 방식으로 성장할 기회를 제공하는 것이기 때문이다.

"눈 내린 길을 함부로 걷지 마라"는 우리의 모든 행동이 후배들에게 미칠 영향을 깊이 생각하고, 항상 책임감을 가지고 행동하라는 메시지를 담고 있다. 우리의 발자국이 후배들에게 이정표가 될 수 있음을 기억하며, 우리는 더 나은 사회와 미래를 위해 노력해야 한다. 이처럼 우리의 말과 행동이 미래 세대에게 긍정적인 영향을 줄 수 있으므로, 끊임없이 신중하고 책임감 있게 행동해야 한다. 이를 통해 우리는 더 나은 세상을 만들고, 후배들에게 올바른 길을 제시할 수 있을 것이다.

5장 리더의 다짐

정리합시다

"자. 정리합시다.…….. 끝!" 내가 회의를 주재하면 중간에 팀원들이 나를 쳐다보며 뭔가 바라는 듯한 눈빛을 보낼 때가 있다. 회의 주제와 상관없는 내용들이 다뤄지거나, 충분한 토론이 이루어졌다고 생각되는 순간에 내 입에서 나오는 단어를 그들은 알고 있다. "자. 정리합시다." 의사 결정을 내리든, 다음 주제로 넘어가든, 회의를 주재하는 리더가 정리를 해야 할 때가 있는 것이다.

의사 결정은 명료하게 내려야 한다. 주제와 목적에 맞는 충분한 토론이 진행됐다면, 어느 순간에는 결정을 내려야 한다. 정리하지 않고 회의가 계속 진행되면 몇 사람은 핸드폰을 들여다보고, 몇 사람은 흥미를 잃은 듯 지루한 표정을 짓는다. 공통된 주제를 협의하는 자리면 그나마 낫지만, 자기 업무와 상관없는 주제로 회의가 길어지면 지루함을 느낄 수 있는 것이다.

회의 중 협의가 이뤄진 내용들을 일목요연하게 정리할 필요도 있다. "이 사람은 이런 주장을 하고 저 사람은 저런 주장을 한 것으로 이해됐는데. 내가 제대로 이해하고 있나요?"라는 질문으로 회의 내용을 다시 한번 확인한다. 이후 "그 사안은 이렇게 정리됐으니, 다음 주제로 넘어갑시다."로 일단락을 지어야 한다.

리더는 회의의 목표를 항상 명확히 해야 한다. 회의 시작 전에 목표를 설정하고, 회의 중에도 목표에 맞는 방향으로 진행되도록 유도해야 한다. 이를 통해 팀원들은 회의의 목적과 목표를 이해하고, 그에 맞는 의견을 제시할 수 있다. 또한, 회의가 끝난 후에도 각자가 앞으로 무엇을 해야 할지 명확히 이해하게 되었을 때, 회의는 비로소 성공적으로 끝났다고 할 수 있다.

리더로서 해야 할 역할은 단순히 회의를 주재하는 것에 그치지 않는다. 회의의 방향을 설정하고 적절한 시점에 결론을 내리는 것은, 팀 전체의 효율성을 높이는 데 필수적이다. 회의가 길어질수록 생산성은 떨어지고, 팀원들의 집중도 역시 저하된다. 따라서, 적절한 시점에 결론을 내리고 다음 단계로 넘어가는 것은 리더의 중요한 역할 중 하나이다.

"자. 정리합시다. 이 사안은 이렇게 추진합시다. 두 번째 사안은 양방의 의견을 충분히 들었으니, 이를 기초로 다음 업무를 진행해 주기 바랍니다. 끝! 다음 주제로 넘어갑시다."

본질에 집중하라

"삼천포로 빠진다." "배가 산으로 간다." 이러한 표현들은 주제와 상관없는 곁가지로 대화가 진행되거나, 본질과 어긋나게 결론이 날 수 있는 상황을 가리키는 말들이다. 리더는 수많은 정보를 접하고 의사 결정을 하거나 회의를 주재하면서, 조직의 목표를 향해 일관되게 이끌어야 한다. 이러한 과정에서 가장 중요한 것은 각론적인 사안들에 접근할 때, 본질에 집중하는 자세를 견지하는 것이다.

팀원들은 각자가 맡은 업무와 지식에 한정해서 일을 추진할 수 있다. 일반적으로 이들은 큰 그림이나 본질을 보기 어렵고, 피상적이고 단편적인 정보에 의존해서 일을 진행할 가능성이 크다. 이러한 상황에서는 오직 리더만이 사안의 본질을 계속 잊지 않고, 업무가 본질에서 벗어나지 않도록 관리해야 한다.

리더가 본질에 집중하는 것은 조직의 목표를 명확하게 설정하고, 이를 추구하는 데 있어서 필수적이다. 예를 들어, 회의 중에 여러 가지 세부 사항이나 각론적인 문제들이 제기될 수 있지만, 리더는 항상 본질적인 목표와 방향을 염두에 두고 이를 중심으로 논의를 이끌어야 한다. 이렇게 함으로써 회의가 엉뚱한 방향으로 진행되는 것을 방지하고, 모두가 동일한 목표를 향해 나아가게 할 수 있다.

또한, 본질에 집중하는 것은 시간과 자원을 효율적으로 사용하는 데에도 중요한 역할을 한다. 주제와 관련 없는 논의나 활동에 자원을 낭비하면, 조직 전체의 생산성이 떨어질 수 있다. 리더는 항상 우선순위를 명확히 하고, 본질적인 문제에 자원을 집중해야 한다. 이를 통해 조직은 더욱 효율적으로 목표를 달성할 수 있다.

본질에 집중하는 자세는 의사 결정 과정에서도 중요한 역할을 한다. 많은 정보와 다양한 의견이 존재할 때, 리더는 핵심적인 요소들을 파악하고, 이를 바탕으로 최선의 결정을 내려야 한다. 이때, 본질을 잊지 않고 고려하면 더 정확하고 효과적인 의사 결정을 할 수 있다.

리더는 본질에 집중하는 자세를 유지해야 한다. 이는 조직의 목표를 달성하고, 효율적으로 자원을 사용하며, 올바른 의사 결정을 내리는 데 필수적이다. 팀원들이 피상적이고 단편적인 정보에 의존할 때, 리더는 큰 그림을 제시하고 본질에 충실한 방향으로 이끌어야 한다. 이러한 리더십 이야말로 조직을 성공으로 이끄는 원동력이 될 것이다.

긍정적 적극적 공격적

"긍정적, 적극적, 공격적으로 업무에 임합시다. 부정적, 소극적, 방어적으로 접근하면 되는 게 하나도 없습니다." 팀원들과 업무 관련 소통을 할 때 가끔 쓰는 말이다. 이 말을 팀원들과 공유하는 것은, 우리가 모두 업무를 대하는 태도와 접근 방식에서 변화를 이루고, 성과를 극대화하기 위해 꼭 필요하다고 생각해서이다.

업무를 수행하면서 팀원들의 인식과 접근 방법이 나와 다를 때가 가끔 있다. 내가 판단했을 때 무난하게 완료할 수 있고 실현 가능하다고 생각하는 업무에 대해, 팀원들이 어렵고 불가능할 것 같다는 의견을 제시할 때가 있다. 이럴 경우, 논리적으로 설득하기 전에 먼저 "긍정적, 적극적, 공격적으로"라는 세 단어를 언급한다.

긍정적 태도는 문제를 해결할 수 있다는 믿음을 주고, 적극적 태도는 기회를 포착하고 주도적으로 일을 처리하게 한다. 공격적 태도는 더 나은 성과를 위해 도전적인 목표를 설정하고, 기존의 한계를 뛰어넘도록 만든다. 이러한 태도는 개인의 성장뿐만 아니라 팀 전체의 성과에도 큰 영향을 미칠 수 있다.

물론 리더의 독단적인 생각이나 과도한 자신감이, 부정적인 요소가 있는데도 불구하고 일을 강행하게 만들 수 있다. 그러나 대부분은 리더가 먼저 고민하고 자신의 경험을 바탕으로 가능성을 확신하기에 이러한 태도를 요구하는 것이다. 리더는 팀원들이 더 높은 목표를 달성할 수 있도록 이끌어야 하며, 이를 위해서는 긍정적, 적극적, 공격적인 태도가 필수적이다.

팀원들이 부정적, 소극적, 방어적으로 접근할 때는, 실패나 비난에 대한 두려움과 걱정이 큰 원인일 수 있다. 이러한 상황에서 리더는 긍정적 에너지를 전파하고, 적극적으로 문제를 해결할 방법을 제시하며, 공격적으로 목표를 설정해, 팀원들이 자신 있게 도전할 수 있도록 분위기를 조성해야 한다.

결국, 모든 업무는 긍정적, 적극적, 공격적으로 수행해야 한다고 생각한다. 이는 단순히 태도의 문제가 아니라, 성공적인 결과를 위한 전략의 일부다. 긍정적인 생각은 어려움을 기회로 바라보게 하고, 적극적인 행동은 실행력을 높이며, 공격적인 접근은 한계를 뛰어넘는 성과를 창출한다. 개인의 잠재력을 최대한 발휘하게 하고, 팀 전체의 성과를 극대화할 수 있게 해준다.

개입이 방치보다 낫다

리더가 팀원들의 성과를 관리하기 위해서는, 때로는 적극적으로 개입하는 것이 필요하다. 업무 진행 중에 팀원의 업무 진도와 진행 방향을 파악하고 상담을 거친 후, 목표한 바와 다르게 진행되고 있다는 판단이 서면 과감하게 개입해야 한다. 그대로 방치할 수는 없다. 때로는 개입이 방치보다 나은 결과를 가져오기 때문이다.

팀원을 신뢰하고 자율에 맡기거나, 성장의 기회를 주기 위해 가만히 지켜볼 수 있다. 이는 팀원의 자율성을 존중하고, 스스로 문제를 해결할 수 있는 능력을 기를 수 있게 돕는 중요한 방법의 하나이다. 그러나 잘못된 방향으로 가고 있다는 것을 알게 된 이상, 방치할 수는 없는 것이다.

리더의 역할은 팀의 목표를 달성하기 위해 방향을 제시하고, 필요할 때는 개입하여 조정을 하는 것이다. 예컨대, 프로젝트가 예정된 시간 내에 완료되지 않을 위험이 감지되거나, 팀원의 작업이 전체 목표와 일치하지 않는 경우, 리더는 즉시 개입하여 문제를 해결해야 한다. 이러한 개입은 단기적인 성과 향상뿐만 아니라, 장기적인 성장을 위해서도 필수적이다.

개입은 단순히 지시를 내리는 것이 아니다. 팀원과의 상담을 통해 현재 상황을 이해하고, 문제의 원인을 함께 찾아내는 과정이다. 이를 통해 팀원은 자신의 실수를 인지하고, 올바른 방향으로 수정해 나갈 수 있다. 또한, 리더의 개입은 팀원에게 필요한 지원과 자원을 적기에 제공함으로써, 문제 해결을 도울 수 있다.

물론, 과도한 개입은 팀원의 자율성을 해칠 수 있다. 그러나 적절한 시점의 개입은 팀원의 성장과 조직의 성과를 동시에 이끌어낼 수 있다. 잘못된 방향으로 나아가는 것을 방치하는 것은, 팀원은 물론 조직에도 부정적인 영향을 미친다. 리더는 이러한 상황을 예방하고, 문제를 사전에 해결하기 위해 적극적으로 나서야 한다.

리더는 팀원의 성과와 성장을 위해 필요할 때 개입할 수 있는 능력을 갖춰야 한다. 이는 팀원들이 올바른 방향으로 나아가도록 도우며, 조직 전체의 성과를 높이는 데 중요한 역할을 한다. 팀원을 신뢰하고 자율성을 존중하는 동시에, 잘못된 방향으로 가고 있는 것을 방치하지 않는 것이 진정한 리더십이다. 개입이 방치보다 나은 이유는 바로 여기에서 찾을 수 있다.

고민은 치밀하게 판단은 빠르게

의사 결정은 조직의 리더에게 항상 중요한 책임이며, 동시에 압박을 받는 과제이다. 적기에 올바른 의사 결정을 하고, 잘못되거나 늦은 의사 결정을 피하기 위해서는, 다양한 방법과 절차를 적용해야 한다. 이는 조직의 효율성과 성과를 높이는 데 필수적이며, 리더십의 본질을 이루는 중요한 요소이다.

먼저, 결정해야 할 사안들을 치밀하게 검토하는 것이 중요하다. 이를 위해 충분한 정보를 수집하고, 다양한 대안을 실무적으로 고려해야 한다. 리더는 실무자보다 더 깊이 고민하고 자료를 찾으며 장단점을 분석해야 한다. 이를 통해 보다 객관적이고 신뢰성 있는 결정을 내릴 수 있다. 또한, 의사 결정 과정에서는 팀원들과의 협의와 의견 수렴이 중요하다. 팀원들의 다양한 관점과 경험을 참고하면, 의사 결정을 내릴 때 더욱 확신을 가질 수 있기 때문이다. 실무자의 역량이나 직급에 대한 선입견을 버리고, 그들의 의견을 존중하며 끊임없는 소통과 협력을 하는 것이 의사 결정 프로세스의 핵심 요소이다.

이어서, 적기에 판단을 빠르게 내리는 것이 필요하다. 결정을 미루면 시간이 지날수록 상황이 변화하고 복잡해질 수 있다. 더 나은 의사 결정을 하겠다는 생각으로 대안을 더 찾아보거나 결정을 미루는 것이, 오히려 문제를 더 복잡하게 하거나 잘못된 결과를 초래할 수도 있다. 따라서 늦지 않고 적시에 신속하게 의사 결정을 내려야 한다. 빠른 판단은 변화하는 상황에 적응하고 기회를 놓치지 않는 데 필수적이다.

결정한 사안에 대해 리더가 책임을 져야 한다는 것도 중요하다. 리더의 의사 결정 결과는 조직 또는 팀 전체에 영향을 미치므로, 긍정적이든 부정적이든 그 결과에 따른 책임은 리더가 져야 한다. 성공적인 결정에 대해서는 칭찬을 받을 수 있지만, 실패한 결정에 대해서도 실무자에게 잘못을 떠넘기지 않고, 본인이 책임을 지는 것이 중요하다. 리더에게 의사 결정의 권한을 준다는 의미는, 그에 따른 책임도 지라는 것이다.

리더는 고민을 치밀하게 하여 철저히 준비하고, 판단은 빠르게 내려야 한다. 이는 조직의 효율성과 성과를 높이는 데 필수적이며, 리더십의 본질을 이루는 중요한 요소이다. 치밀한 고민과 신속한 판단을 통해 리더는 팀의 신뢰를 얻고, 조직의 성공을 이끌 수 있다. 이와 같은 리더십은 조직의 안정성과 지속적인 발전에 크게 이바지할 것이다.

똑똑하고 게으른 리더

똑똑하고 게으른 리더와 멍청하고 부지런한 리더 이야기는 너무나도 많이 알려져 있다. 이 두 가지 유형의 리더 차이가 조직 내에서 어떻게 작용하는지에 대한 이해는 매우 중요하다. 두 리더십 스타일이 조직에 미치는 영향을 제대로 이해하면, 조직은 더 나은 결과를 얻을 수 있다.

똑똑하고 게으른 리더는 직무를 수행하면서 창의적인 해결책을 찾아내고, 자원을 효율적으로 활용하는 능력을 지닌다. 이들은 문제에 대한 새로운 관점을 제시하고, 복잡한 과제를 단순화하여 해결책을 빠르게 도출하는 데 능숙하다. 게으름은 보통 그들이 과도한 노력을 기울이는 것보다는 효율성을 추구하게 만든다. 게으른 리더는 자신의 시간을 관리하는 데 뛰어나며, 중요한 결정에 필요한 시간과 에너지를 충분히 할애할 수 있다.

게으름이 꼭 부정적인 특성만을 지닌 것은 아니다. 똑똑하고 게으른 리더는 자신의 게으름을 생산성 향상의 도구로 활용한다. 이들은 불필요한 업무를 제거하고, 핵심 과업에 집중할 수 있는 능력을 갖추고 있다.

결과적으로 팀원들은 중요한 일에만 집중할 수 있게 되며, 업무 효율성은 극대화된다.

한편, 멍청하고 부지런한 리더는 열심히 일을 하지만, 종종 실수하거나 잘못된 결정을 내릴 수 있다. 이들은 문제를 해결하는 과정에서 새로운 관점을 찾지 못하거나, 과제를 쉽게 복잡화시키는 경향도 있다. 또한, 부지런함은 종종 무분별한 자원의 소비로 이어져, 중요한 결정에 필요한 시간과 노력을 충분히 할애하지 못할 수 있다. 이러한 리더는 팀원들에게 과도한 업무 부담을 주고, 불필요한 스트레스를 유발할 수 있다.

결론적으로, 조직은 똑똑하고 게으른 리더의 특성을 이해하고, 그들의 리더십 스타일을 최대한 활용할 수 있는 환경을 조성해야 한다. 이를 통해 조직은 더욱더 효율적이고 창의적인 해결책을 찾을 수 있으며, 전반적인 성과를 향상시킬 수 있다. 똑똑하고 게으른 리더십 스타일은 팀의 성장을 촉진하고, 조직의 목표 달성에 도움이 될 것이다.

잘하는 일 좋아하는 일

회사에 입사한 지 얼마 되지 않았을 때, 사장님께서 나를 불러 질문하셨다. "건설회사에서 오랫동안 일하다가 IT회사로 오니, 낯설고 어려움이 있을 텐데 지낼 만 한가?" 나는 대답했다. "제가 잘하는 일 좋아하는 일을 할 수 있어서 즐겁고, 그 일이 회사에 도움이 된다고 하니 행복합니다." "잘하는 일과 좋아하는 일을 하자."는 우리가 선택하는 직업이나 일에 대한 중요한 조언 중 하나라고 생각한다. 여기에 더해 나는 행운아라고 생각한다. 잘하는 일과 좋아하는 일이 같다.

좋아하는 일을 하자는 것은 단순히 능력이나 기술에 초점을 맞추기보다는, 개인의 열정과 관심사에 따라 일을 선택하고 진로를 결정하는 것이 중요하다는 것을 강조한다. 이를 통해 직무 만족도와 성과를 높일 수 있으며, 개인과 조직의 발전에 이바지할 수 있다. 나아가 잘하는 일이면서 좋아하는 일을 한다면, 그 일을 즐길 수 있고 행복할 수 있을 것이다

리더가 가져야 할 자세는 열정과 관심, 도전과 성장이다. 열정과 관심이 없는 일을 하게 되면, 업무에 대한 의욕과 자부심이 떨어지게 된다.

또한, 리더는 좋아하는 일을 선택함으로써 도전과 성장의 기회를 찾아야 한다. 좋아하는 일을 하면서 더 나은 결과를 이루기 위해서는, 끊임없이 노력하고 발전해야 하는 것이다. 이는 리더가 팀을 이끌며 긍정적인 영향을 미칠 수 있는 중요한 요소이다.

리더가 해야 할 일은 자기 이해, 팀원의 이해, 팀의 목표 설정, 업무 환경 조성, 성과 평가와 피드백이다. 리더는 팀원들의 역량과 관심사를 이해하고, 각자의 장점을 살려서 일을 배치하고 지원해야 한다. 이를 통해 팀원들이 자신의 열정을 바탕으로 일할 수 있는 환경을 만들어주는 것이 중요하다.

리더는 이러한 이해를 기초로 팀의 목표를 설정하고, 달성하기 위한 방향과 전략을 수립해야 한다. 팀의 목표는 개별 팀원들의 열정과 능력을 최대한 활용할 수 있는 방향으로 설정되어야 한다. 이는 팀원들의 동기부여를 높이고, 더 나은 성과를 이루는 데 중요한 역할을 한다.

잘하는 일 좋아하는 일을 선택하는 것은, 개인과 조직 모두에게 긍정적인 영향을 미친다. 이를 통해 팀의 동기 부여와 성과를 높이고, 지속적인 발전을 이룰 수 있다. 잘하는 일과 좋아하는 일을 하며 성장하는 과정에서, 우리는 더욱 만족스럽고 의미 있는 삶을 살 수 있을 것이다.

차로 이탈 방지 보조 장치

'차로 이탈 방지 보조 장치'라는 기능을 지닌 차들이 많아졌다. 이 장치는 내가 좋아하는 자동차 옵션 중 하나다. 차량 속도가 일정 속도를 넘어가면 이 장치가 작동하여, 양쪽 차선을 감지해 능동적으로 핸들을 움직이며 차선의 중앙을 따라가게 돕는다. 운전 중 잠깐 다른 일을 해도 차선을 놓치는 법이 없어, 운전의 안전성과 편의성을 크게 향상시킨다.

리더십은 팀을 목표 지점으로 안전하게 이끄는 차로 이탈 방지 보조 장치와 유사하다고 생각한다. 이 장치와 마찬가지로 리더는 팀이 목표에 도달할 때까지 방향을 제시하고, 필요에 따라 개입하여 팀원들을 안전하고 효율적으로 이끌어야 하는 존재다. 리더는 운전석에 앉은 팀원들이 자신들의 역할을 잘 수행할 수 있도록 지원하고 조정하는, 차로 이탈 방지 보조 장치와 같은 옵션처럼 행동해야 한다.

리더십의 핵심은 팀원들이 목표를 향해 일정한 속도로 전진할 때 가만히 지켜보는 것이 아니라, 그들이 방향을 잃거나 어려움에 처했을 때 개입하는 것이다. 팀원들이 규정이나 목표에서 벗어나지 않도록 감시하고, 필요한 경우 방향을 조정하여 올바른 길로 안내하는 것이 리더의 중요한 역할이다. 이는 차로 이탈 방지 보조 장치가 차로 이탈을 방지하여 안전한 주행을 돕는 것과 같다.

더불어, 리더십은 팀원들 간의 조화와 협업을 이끌어내는 역할도 수행한다. 차로 이탈 방지 보조 장치가 차량을 안정적으로 유지하는 것과 마찬가지로, 리더는 팀원들 간의 갈등을 조정하고 협력을 촉진하여 팀의 성과를 극대화한다. 리더는 팀이 올바른 방향을 유지하도록 도와주고, 안전하게 목표에 도달할 수 있도록 지원하는 역할을 해야 한다.

리더십은 단순히 지시를 내리는 것이 아니라, 팀원들이 주도적으로 일할 수 있도록 환경을 조성하는 것이다. 차로 이탈 방지 보조 장치처럼, 리더는 팀이 자율적으로 움직일 수 있도록 기본적인 방향을 설정하고, 필요한 순간에만 개입하여 팀의 안전과 성과를 보장해야 한다. 이러한 리더십은 팀원들에게 신뢰를 주고, 팀 전체가 목표를 향해 나아갈 수 있는 힘을 제공한다.

I will leave no one behind

베트남 전쟁을 소재로 한 영화 'We Were Soldiers'에서, 출전을 앞둔 부하들에게 무어 중령이 한 다짐은 리더십의 핵심 가치를 보여준다. "When we go into battle I will be the first to set foot on the field and I will be the last to step off. And I will leave no one behind. 우리가 전투에 투입되면 내가 맨 먼저 적진을 밟을 것이고, 내가 맨 마지막에 적진에서 나올 것이며, 단 한 명도 내 뒤에 남겨두지 않겠다." 그의 다짐은 리더로서의 책임감과 솔선수범하는 자세를 대표한다. 이를 통해 우리는 리더로서 솔선수범하고 책임을 지는 것의 중요성에 대해 배울 수 있다.

리더로서 솔선수범하는 것은 팀을 이끄는 역할 중에서 가장 중요한 가치를 지닌 것 중의 하나이다. 리더는 팀의 방향을 결정하고, 그에 따라 행동해야 한다. 그러나 그 행동이 팀원들에게 미치는 영향을 잊어서는 안 된다. 무어 중령은 병사들에게 자신이 맨 처음 적진을 밟을 것이며, 맨 마지막에 적진에서 물러날 것이라고 다짐했다. 이는 자신의 안전보다는 팀원들의 안전을 우선시하고, 팀원들을 위해 앞장서서 행동하겠다는 의미이다.

리더는 팀원들에게 모범이 되어야 한다. 솔선수범하는 리더는 자신의 말과 행동으로 팀원들에게 모범을 보일 수 있다. 이는 곧 팀원들이 리더의 모습을 따라서 행동하고, 리더를 믿고 따를 수 있다는 것이다. 무어 중령의 다짐은 단순한 약속이 아니라, 그의 행동으로 실천되어 팀원들에게 큰 신뢰와 동기를 부여했다.

또한, 리더는 책임을 지는 것이 중요하다. 팀을 이끄는 리더는 그의 행동에 대한 책임을 절대적으로 받아들여야 한다. 무어 중령은 "단 한 명도 내 뒤에 남겨두지 않겠다."라고 말했다. 이는 리더가 자신의 팀원들에게 책임을 지고, 그들을 지키고 보호할 의지와 책임이 있다는 것을 나타낸다. 책임감 있는 리더는 팀원들이 어려움을 겪을 때 그들을 돕고, 문제가 발생했을 때 해결책을 제시하며, 언제나 팀의 최종적인 안전과 성공을 보장한다.

조직의 리더는 팀원들의 신뢰를 얻고, 그들과 함께 성공을 이루기 위해 끊임없이 노력해야 한다. 이는 비단 전쟁터에서만 적용되는 것이 아니라, 회사, 학교, 그리고 다양한 조직에서도 마찬가지이다. 리더가 솔선수범하고 책임을 질 때, 팀원들은 그를 신뢰하고 따를 것이며, 더욱 단합된 팀워크로 목표를 달성할 수 있을 것이다.

Broken arrow

앞에서 인용한 영화 'We Were Soldiers'에서 무어 중령이 'broken arrow'를 외치는 장면이 있다. 이 장면은 리더가 때로는 큰 목적을 위해 일부를 희생해야 한다는 뚜렷한 메시지를 전달한다. 'broken arrow'는 전투 중에 아군이 적에게 대규모로 공격당하고, 상황이 절박할 때 지원을 요청하며 보내는 신호이다. 이는 아군이 적의 집중된 공격을 받고 있으며, 더 이상 상황을 제어할 수 없는 상태임을 의미한다. 이런 상황에서 때로는 아군의 피해를 감수하더라도 전체를 살리기 위해 리더의 즉각적인 결단이 필요하다.

무어 중령이 'broken arrow'를 외치는 장면은 전투 상황에서 리더가 어려운 결정을 내리는 과정을 보여준다. 공습을 요청하는 장소가 미군도 미처 퇴각하지 못하고 묶여 있는 곳이고, 일부 미군의 피해가 예상되었기에, 이 결정은 미군 전투기 조종사들을 주저하게 했다.

하지만, 무어 중령은 아군의 안전을 위해 특단의 조처를 해야 한다는 확고한 결단력을 보여주었다. 이를 통해 우리는 리더란 때로는 개인적인 희생이나 일부 조직의 불이익을 감수하더라도, 전체의 안전과 목적 달성을 위해 행동해야 함을 알 수 있게 된다.

무어 중령의 결정은 어려운 상황에서 전체 팀의 안전을 우선시하고, 전체를 살리기 위한 희생이 필요하다는 리더십의 원칙을 보여준다고 생각한다. 이는 때로는 개인적인 이익보다는 전체 팀의 이익을 우선시하는 것이 리더의 역할이라는 것을 보여주기도 한다.

무어 중령은 아군의 피해를 일부 감수하더라도 전체 팀을 구하기 위해 행동했다. 이는 리더가 어려운 결정을 내릴 때는 개인적인 감정이나 이익을 떠나서, 전체 팀의 안전과 목적 달성을 최우선시해야 한다는 교훈을 전달한다.

동백꽃

나에게 가장 좋아하는 꽃이 무엇이냐고 물으면, 주저하지 않고 동백꽃이라고 대답한다. 어렸을 때부터 학교 화단이나 집 근처에서 자주 보았던 동백꽃은 나에게 추억 외에도 특별한 의미가 있다. 동백꽃은 다른 꽃들과 달리 잎의 면적이 꽃의 면적보다 훨씬 크다. 반들반들하고 무성한 잎들 사이에 드문드문 피어나는 동백꽃은, 꽃 자체의 아름다움뿐만 아니라 그 꽃을 더욱 돋보이게 만드는 잎들의 역할을 생각하게 만든다.

사회생활에서도 이와 같은 원리가 적용된다고 생각한다. 한 사람의 리더가 돋보이기 위해서는, 그를 둘러싸고 있는 팀원들과 동료들의 노력이 중요하다. 동백나무의 잎들이 꽃을 더욱 아름답게 만들듯이, 리더는 자신의 성공과 성과가 혼자의 힘으로 이루어진 것이 아님을 인식해야 한다. 주위의 지원과 협력이 있었기에 가능했던 것이기 때문이다.

많은 사람들이 꽃만을 보고 잎을 놓치기 쉽다. 하지만 리더는 자신을 돋보이게 하는 잎들의 존재를 잊어서는 안 된다. 자신의 잘남을 뽐내기보다는, 주위의 팀원들과 동료들에게 감사함을 느끼고 표현하는 것이 진정한 리더십이다. 이와 같은 리더십은 조직 내에서 긍정적인 분위기를 조성하고, 팀원들 역시 자신의 역할에 자부심을 느끼게 한다.

동백꽃을 보면서 우리 사회의 리더들이 어떤 자세를 가져야 하는지를 다시 생각하게 된다. 나 혼자 잘났다고 자랑하는 것이 아니라, 나를 돋보이게 만들어 준 주위의 사람들에게 감사하고, 그들의 역할을 인정하는 것이 중요하다. 동백꽃의 잎이 꽃을 더욱 아름답게 하는 것처럼, 훌륭한 리더는 자신의 뒤에 있는 사람들을 잊지 않고 그들의 공로를 인정하는 사람이다.

리더십이란 결국 혼자 빛나는 것이 아니라, 주변의 사람들과 함께 성장하고 발전하는 것이다. 동백나무의 꽃과 잎처럼, 리더와 팀원들이 함께 조화롭게 어우러질 때 진정한 아름다움이 발현된다. 이렇듯 동백꽃은 우리에게 리더로서 가져야 할 올바른 자세와 마음가짐을 일깨워준다.

알아야 면장이라도 한다

　우리 속담에 '알아야 면장이라도 한다'가 있다. 이는 직책과 권한이 주어졌다고 해도 그 자리에 걸맞은 역량과 지식 없이는, 성공적으로 소임을 수행할 수 없다는 뜻이다. '알아야 면장이라도 한다'의 '면장'은 한자로 面牆(또는 面墻)으로 쓰인다. 이 속담은 논어에 나오는 공자의 말씀인 '면면장(免面牆)'에서 유래되었다.

　'면면장(免面牆)'에서 장(牆 또는 墻)은 담벼락을 뜻한다. 그래서 '면면장'이라고 하면 담벼락을 대하고 있는 것과 같이, 앞이 내다보이지 않는 상황을 면(免)한다는 뜻이 된다. 이는 곧 견문이 좁음을 비유적으로 일컫는 말이다. 참고로, '알아야 면장이라도 한다'에서 '면장'은 행정 용어인 '면장(面長)'과는 전혀 상관없다. 이 속담은 학식이 있어야 담벼락을 대하고 있는 것과 같은 답답한 상황에서 벗어날 수 있다는 의미를 담고 있다. 즉, 사람이 어떤 일을 하려면 그와 관련된 지식이 어느 정도 있어야 한다는 것을 비유적으로 이르는 말이다.

　리더는 조직을 이끄는 데 필요한 역량과 지식을 갖추어야 한다. 리더십은 단순히 사람을 이끄는 능력뿐만 아니라, 그 조직의 목표를 달성하기 위한 전문성과 통찰력을 필요로 한다. 아무리 높은 직책에 올랐다고 하더라도 그에 걸맞은 역량과 지식이 없다면, 결국 조직을 효과적으로 이끌 수 없기 때문이다.

지식과 역량을 갖춘 리더는 다양한 상황에서 적절한 결정을 내릴 수 있으며, 팀원들에게 신뢰를 줄 수 있다. 예를 들어, 리더가 특정 프로젝트에 대해 깊이 있는 이해를 하고 있다면, 팀원들에게 명확한 방향을 제시하고 필요한 자원을 적절히 배분할 수 있다. 이는 곧 프로젝트 팀 전체의 효율성과 성과를 높이는 데 중요한 역할을 한다.

반면, 지식과 역량이 부족한 리더는 조직을 잘못된 방향으로 이끌거나, 중요한 결정을 내리는 데 있어서 실수를 범할 가능성이 크다. 이는 조직 전체에 부정적인 영향을 미칠 수 있으며, 팀원들의 사기를 떨어뜨릴 수도 있다.

따라서, 리더는 끊임없이 배우고 성장해야 한다. 새로운 지식을 습득하고, 다양한 경험을 통해 자신의 역량을 강화하는 노력을 기울여야 한다. 이러한 자세가 바로 '알아야 면장이라도 한다'라는 속담의 진정한 의미를 실현하는 길이다. 조직을 성공적으로 이끌기 위해서는, 그에 걸맞은 지식과 역량을 갖추는 것이 필수적이다.

오랜 시간 먼 길 거쳐

"오랜 시간 먼 길 거쳐 오시느라 대단히 수고하셨습니다. 지금부터 대한민국 공군이 안전히 호위하겠습니다. 필승!" 2018년 9월, 신원이 확인된 6·25 전사자 유해 64위와 함께, 공군 특별 수송기가 미국 하와이 하캄 공군기지를 출발했다. 공군 수송기가 우리 방공식별구역에 진입했을 때, F-15K와 FA-50 전투기 4대가 양쪽에서 호위 비행을 한다. 첫 문장이 바로 그때 전투기 편대장이 공군 수송기를 향해 방송한 내용이다.

오랜 기간 시공사와의 협상을 거친 후, 우선 협상 대상자 변경 통지를 할 수 있었다. 최초로 우선 협상 대상자 통보를 받은 시공사와 협상이 결렬되어, 차 순위 입찰사로 시공사가 교체되었다. 새롭게 선정된 시공사는 차순위 입찰사의 지위를 석 달간 유지하고 있었다.

우선 협상 대상자 선정 통보 이후 시공사 직원들과 첫 회의를 할 때, 모두발언으로 내가 했던 말도 비슷하다. "오랜 시간 먼 길 거쳐 오시느라 대단히 수고하셨습니다. 지금부터 제가 안전하게 이끌겠습니다." 우선 시공사 직원들의 노고에 감사하고, 내가 앞으로 책임지고 이끌겠다는 의미로 한 말이다.

오랜 시간 먼 길 거쳐서 왔다는 이야기는, 그들의 노고를 충분히 이해하고 감사히 여긴다는 표현이다. 이는 단순히 형식적인 인사가 아니라, 상대방의 헌신과 노력을 깊이 공감하고 존중하는 마음을 나타낸다. 또한, 안전하게 이끌겠다는 의미는 안전과 신뢰를 약속하며, 함께 임무를 완수하겠다는 의지를 전하는 것이다.

리더는 항상 팀원들을 이끌고 지원해야 한다. 우선은 팀원들에게 항상 감사하는 마음을 갖고 있어야 한다. 팀원들에 대한 감사는 배려와 존중을 통해야만 가능한 자세이다. 이런 태도는 팀의 사기를 높이고, 협력과 신뢰를 기반으로 한 강력한 팀워크를 형성하는 데 필수적이다. 결과적으로, 감사와 존중의 태도는 성공적인 협력의 기초가 될 것이다.

마지막으로, 항상 앞장서서 이끌겠다는 마음가짐 또한 중요하다. 팀원들의 뒤에 숨거나 책임을 회피하는 자세는, 팀원들의 사기를 낮추고 신뢰를 얻을 수 없다. 리더는 단어의 뜻 그대로 조직을 이끄는 사람이기 때문이다.

상대의 마음을 얻자

상대의 마음을 먼저 얻는 것은 인간관계에서 중요한 요소 중 하나이다. 상대의 신뢰와 마음을 얻는다면, 그 관계는 더욱 깊고 의미 있는 것으로 발전할 수 있다. 서로서로를 존중하고 신뢰하는 기반을 형성하게 됨으로써, 다양한 긍정적 효과를 가져온다. 상대가 우리를 믿고 존중한다면, 우리도 상대를 믿고 존중할 것이다. 이러한 신뢰는 서로의 관계를 더욱 견고하게 만들어줄 수 있다.

상대의 마음을 얻는 것은 소통을 원활하게 만드는 데 중요한 역할을 한다. 상대가 우리를 이해하고 우리의 의견이나 감정을 존중한다면, 우리는 더욱더 열린 마음으로 소통할 수 있을 것이다. 불필요한 오해나 갈등을 예방하고 상호 간의 이해를 높여줄 수 있을 것이다. 이는 개인적인 관계에서뿐만 아니라, 업무적인 관계에서도 큰 도움이 된다. 좋은 소통은 협력의 바탕이 되며, 협력은 결국 더 나은 성과로 이어진다.

우리가 상대의 마음을 얻는다면, 상대는 우리에게 더 많은 지원과 협력을 제공할 것이다. 이를 통해 긍정적인 분위기를 조성하고 효율적으로 일할 수 있게 된다. 예컨대, 팀 프로젝트에서 모든 팀원이 서로의 마음을 얻고 신뢰할 수 있다면, 더 큰 시너지 효과를 얻을 수 있다. 서로의 강점을 활용하고 약점을 보완하면서, 더욱더 창의적이고 효과적인 결과를 도출할 수 있다.

상대의 마음을 얻는 것은 서로 간의 삶의 질을 향상시키는 데에도 이바지한다. 비즈니스 관계로 만나더라도, 상호 간의 신뢰와 이해는 서로를 지지하고 격려하며 함께 성장하게 만들어 줄 수 있다. 이는 개인의 성장뿐만 아니라, 조직 전체의 발전에도 중요한 역할을 한다. 리더는 상사뿐만 아니라 팀원들의 마음도 얻어야 한다. 그럼으로써 상호 간의 신뢰와 존중을 바탕으로 관계를 계속 건전하게 이어갈 수 있다. 팀원들이 리더를 신뢰하고 존경할 때, 리더의 지시에 따라 더 적극적으로 임무를 수행할 것이다. 이는 팀의 목표 달성에 큰 도움이 된다. 항상 상대의 마음을 얻기 위해 노력하고 서로를 존중하며 지지하는 자세가 필요하다.

로마제국의 16대 황제이면서 《명상록》의 저자인 마르쿠스 아우렐리우스는 "다른 사람의 속마음으로 들어가라. 그리고 다른 사람이 당신의 속마음으로 들어오게 하라."고 말했다. 상대의 마음속으로 걸어 들어가야 할 시대다.

Tone down

나는 화가 나거나 답답한 상황에 부닥치면, 목소리 톤을 높이거나 말을 빨리하곤 한다. 화를 낼 때야 당연히 그렇지만, 상대방의 말과 행동이 답답하게 느껴져, 내 논리를 제시하며 설득하려고 할 때도 말이 많아지고 속도도 빨라진다. 이를 윽박지른다고 받아들이는 사람들도 많다. 내 나름대로는 조곤조곤 이야기한다고 생각하지만, 톤이 높아지고 말이 빨라지는 것은 조절이 어렵다. 가능하면 화를 내지 않으려고 노력하지만, 내 몸짓과 목소리는 거짓말을 하지 못하는 것 같다.

리더로서 피해야 할 습관 중 하나가 바로 이것이다. 팀원들과의 회의나 업무 지시를 하면서, 이해시키고 설득한다는 목적으로 이야기하다 보면, 목소리 톤이 높아지고 말이 빨라지는 경우가 있다. 이를 마주하는 팀원은 더욱더 주눅이 들고 당황할 수 있다. 그렇기에 내 말을 잘 알아듣지 못한다고 판단되면, 목소리 톤을 낮추고 말을 천천히 하려고 노력한다.

목소리 톤을 낮추고 말의 속도를 조절하는 것은 단순히 대화의 기술을 넘어서, 상대방에 대한 배려와 존중을 나타내는 중요한 방법이다. 급하게 말하는 것은 내가 전달하고자 하는 메시지를 강요하는 것처럼 보일 수 있다. 상대방이 이해하고 소화할 시간을 주지 않는 것은 대화의 효과를 반감시킨다. 더 나아가, 팀원들이 자신의 의견을 표현하기 어렵게 만들어 조직 내 소통의 질을 떨어뜨린다.

나도 이를 인식하고 개선하려는 노력을 기울이고 있다. 먼저, 대화를 시작하기 전에 잠깐 숨을 고르며 내가 전할 메시지를 정리한다. 그런 다음 천천히, 그리고 명확하게 전달하려고 한다. 목소리 톤을 낮추고 말을 천천히 한다. 또한 상대방의 반응을 주의 깊게 관찰하여 필요한 경우 대화를 중단하고, 상대방이 의견을 제시할 시간을 제공한다. 이러한 과정은 나 자신에게도 마음의 여유를 주며, 상대방에게도 편안함을 제공하는 것 같다.

결국, 목소리 톤을 낮추고 말을 천천히 하는 것은 효과적인 소통의 첫걸음이다. 이는 단순히 리더가 지녀야 할 능력을 향상시키는 것이 아니라, 인간관계 전반에서 긍정적인 영향을 미친다. 나의 이러한 변화는 팀원들의 신뢰를 얻고, 보다 협력적이고 창의적인 환경을 조성하는 데 큰 도움이 될 수 있다. 따라서 나뿐만 아니라 모든 리더가 이 습관을 길러 나가는 것이 중요하다고 생각한다. 화가 나고 답답할 때는 더더욱 'Tone down' 'Calm down' 해야 하는 것이다.

책임은 선택이 아니라 필수다

　권한과 책임은 한 묶음이다. 리더에게 권한이 주어졌다는 것은 그만큼 책임이 따른다는 것을 의미한다. 권한은 더 많이 사용하고 책임은 적게 지려는 것이 인지상정이다. 그렇지만 리더에게 책임이라는 브레이크가 없다면, 권한은 폭주 기관차와 같을 수 있다. 책임은 선택이 아니라 필수인 것이다.

　리더는 조직의 방향을 설정하고 중요한 결정을 내리는 위치에 있다. 이러한 권한을 가지고 있는 만큼, 그에 따른 책임도 막중하다. 리더가 책임을 회피하거나 적게 지려 한다면, 이는 조직 전체에 악영향을 미칠 수 있다. 리더의 결정을 신뢰하지 못하게 되고, 조직의 사기는 떨어지며, 팀원들의 자발적인 참여와 노력은 줄어들게 된다.

　책임을 다하는 리더는 신뢰를 얻는다. 팀원들은 리더가 자신의 실수를 인정하고, 문제를 해결하려고 노력하는 모습을 보면서 신뢰감을 느낀다. 이는 팀의 결속력을 높이고, 어려운 상황에서도 함께 이겨낼 수 있는 힘을 제공한다. 책임을 다하는 리더는 조직 문화의 본보기가 되며, 팀원들에게 책임감을 심어준다.

리더십은 단순히 결정하고 끝나는 것이 아니라, 자신이 내린 결정에 대해 책임지는 것이다. 예를 들어, 프로젝트가 실패했을 때 자신의 책임임을 인정하고, 실패의 원인을 분석하고, 다음에는 어떻게 개선할 것인지 계획을 세우는 것이 리더의 역할이다. 이런 책임 있는 태도는 팀원들에게 긍정적인 영향을 미친다. 팀원들은 리더의 책임감을 보며 자신들의 업무에 더 큰 책임감을 느끼게 되고, 이는 조직의 성과로 이어진다.

책임을 회피하는 리더는 권한만을 남용하게 된다. 이는 조직의 신뢰를 무너뜨리고, 팀원들의 사기를 떨어뜨리며, 장기적으로는 조직의 성장을 저해할 수 있다. 반면, 책임을 다하는 리더는 조직의 신뢰를 쌓고, 팀원들의 존경을 받으며, 지속적인 성장을 이끌어낼 수 있다.

리더에게 있어서 책임은 선택이 아니라 필수이다. 책임을 다하는 리더는 권한을 올바르게 사용하며, 조직의 성공과 발전을 이끌어낸다. 이러한 리더는 팀원들에게 본보기가 되어, 모두가 책임감을 가지고 일할 수 있는 환경을 만들어낸다. 따라서 리더는 자신의 권한 행사에는 항상 책임이 따름을 명심해야 한다.

프롤로그

나는 회의나 대화를 시작하기 전에, 주제와 관련 있거나 상황에 적합한 글귀나 영상을 미리 준비하는 습관을 갖고 있다. 회의나 대화를 시작할 때 준비한 내용을 먼저 이야기한다. 나만의 프롤로그이다. 이는 단순한 아이스 브레이킹 이상의 의미가 있다. 프롤로그는 사람들의 관심을 끌고, 긴장을 풀어주며, 대화의 문을 자연스럽게 열어주는 역할을 한다.

기억에 남는 한 경험이 있다. 시공사에서 기술 제안을 발표하는 날이 공교롭게도 수능 시험일이었다. 그날 나는 발표회에 참석한 사람들에게 "오늘 수능을 보는 아이를 돌보지 못해 평생 원망 받을 분이 있나요?"라고 물으며 시작했다. 하필이면 발표자가 그 상황에 처해 있었다. 나는 "훗날 아이가 대학에 입학하고 나면 아버지의 수능일 일정을 이해해 줄 것이며, 아버지가 오늘도 열심히 일하고 있으니, 아이도 시험을 잘 볼 것입니다."라고 덕담을 건넸다. 나중에 들은 바로는, 그 말이 발표자의 긴장을 풀고 그날의 발표 분위기를 한층 부드럽게 만들었다고 한다.

대부분의 팀원은 회의를 좋아하지 않는다. 일방적인 업무 지시를 받거나, 본인 업무와 상관없는 주제에 억지로 참여해야 하는 경우가 많기 때문이다. 이럴 때, 회의를 시작하기 전에 잠깐 부드러운 이야기를 나누는 것은 큰 차이를 만든다. 그날의 주제를 암시하거나 긴장을 풀어줄 수 있는 프롤로그 형식의 이야기는, 참가자들의 마음을 열고 회의의 목적과 방향성을 자연스럽게 전달하는 데 도움이 된다.

예를 들어, 프로젝트의 어려움을 극복해야 하는 회의라면, 헤밍웨이의 '노인과 바다'에서 한 구절을 인용할 수 있다. "인간은 패배하기 위해 태어나지 않았다. 인간은 파괴될 수 있을지언정 패배하지는 않는다."라는 구절은 팀원들에게 도전 의식을 불러일으키고, 회의의 주제를 자연스럽게 연결해 줄 수 있다. 다른 사람에 비해서 내가 프롤로그를 이용하는 능력이 우수하다는 이야기를 종종 듣곤 한다.

프롤로그는 단순히 회의의 시작을 알리는 도구가 아니다. 이는 참가자들이 회의에 더 집중하고, 주제에 대한 이해도를 높이는 데 중요한 역할을 한다. 또한, 팀원들 간의 유대감을 강화하고, 회의 분위기를 긍정적으로 바꾸는 데도 큰 도움이 된다.

따라서, 회의를 시작하기 전에 프롤로그를 준비하는 것은 리더에게 권장할 만하다. 또한, 프롤로그는 단순한 형식적인 절차가 아니라, 회의의 본질을 암시하고 유도하는 중요한 요소임을 잊지 말아야 한다.

유연함을 보여라

"저 사람은 빈틈이 없고 찔러도 피 한 방울 나오지 않을 것 같다."라는 이야기를 듣는 사람과 같이 지낸다고 생각해 보자. 나도 물론 리더로서 가능하면 완벽하고 강인한 모습을 보이려고 노력하지만, 그러한 자세와 태도가 팀원들에게는 완고하거나 상대하기 부담스러운 사람이라고 인식될 수 있다. 이런 태도가 계속 유지된다면 그 조직은 계속 경직될 수밖에 없고, 리더는 더욱 그런 태도를 고치려고 하지 않을 가능성이 높다.

리더는 물론이고 사람은 사회적 관계를 유지하면서, 완고함을 버리고 유연함을 보일 필요가 있다고 생각한다. 이를 통해 보다 건전하고 친화적인 유대 관계를 유지할 수 있을 것이다. 유연함은 단순한 성격의 특성을 넘어서, 효과적인 리더십과 원활한 소통의 핵심 요소다. 유연한 리더는 변화에 빠르게 적응하며, 다양한 의견을 수용하고, 팀원들과의 관계를 개선할 수 있다.

먼저, 유연함은 문제 해결에 큰 도움이 된다. 예기치 않은 상황이나 문제가 발생했을 때, 유연한 사람은 상황에 맞춰 신속하게 전략을 수정하고, 새로운 접근법을 모색할 수 있다. 이는 팀 전체의 사기를 높이고, 창의적인 해결책을 도출하는 데 이바지한다. 반면, 완고한 리더는 하나의 방법에 집착하여 상황을 악화시킬 수 있다.

둘째, 유연한 태도는 팀원들과의 신뢰를 구축하는 데 필수적이다. 리더가 자신의 실수를 인정하고, 팀원들의 의견을 존중하며, 필요에 따라 자신의 입장을 조정할 수 있다면, 팀원들은 리더를 더욱 신뢰하고 따를 것이다. 이는 팀의 결속력을 강화하고, 상호 존중과 협력을 촉진한다.

셋째, 유연함은 개인의 성장과 발전을 촉진한다. 유연한 사람은 새로운 지식과 경험을 받아들이는 것에 열린 마음을 가지고 있으며, 자신의 한계를 인정하고 발전하려는 의지를 갖는 특징을 지닌다. 이는 개인의 역량을 극대화하고, 조직의 성공에도 긍정적인 영향을 미친다.

마지막으로, 유연함은 스트레스를 줄이고 정신적 안정을 가져다준다. 완고한 태도는 자신과 주변 사람들을 긴장시키고, 갈등을 초래할 수 있다. 반면, 유연한 태도는 상황을 긍정적으로 받아들이고, 유연하게 대처함으로써 스트레스를 줄이고, 보다 편안한 분위기를 조성한다.

리더는 물론 모든 사람은 완고함을 버리고 유연함을 보여야 한다. 유연한 태도는 강한 리더십의 표시이며, 건전한 인간관계를 구축하는 데 필수적인 요소라고 생각한다.

잘못은 즉시 사과한다

《건설 영어 약어 사전》 집필을 끝냈던 시기의 일화다. 난생처음으로 책을 썼다는 기쁨이 넘쳤던 시기이다. 책의 가격을 정하고 어떻게 홍보할까 하면서 직원들과 농담을 주고받았다. 홍보 담당 직원을 선임하고 판매 수익은 얼마씩 나눌 건지 하면서 웃고 떠들었다. 거기에서 끝나면 괜찮았는데, 지인들에게 메일을 보내면서 팀원 중의 한 사람을 판매 담당으로 연락처를 포함하여 명기했다. 이메일을 보낸 지 한 시간도 지나지 않아 후회했다. 급히 이메일을 회수하려 했지만 외부로 보낸 이메일은 회수도 되지 않아 낭패를 경험했다. 책을 끝냈고 홍보를 해야 한다는 생각에, 그 팀원의 입장은 고려하지도 않고 일방적으로 결정을 해버린 것을 뼈저리게 후회했다. 다음날 출근하자마자 팀원들을 모아 놓고 바로 사과했다. 책을 끝냈다는 기쁨에 기분이 좋아진 나머지 실수를 했다고 잘못을 인정하면서, 팀원들과 해당 직원에게 사과했다.

사과는 즉시 하는 것이 좋다고 생각한다. 물론 리더는 자신의 잘못을 인정하지 않으려는 성향이 강하다는 것은 알고 있다. 그렇지만 사과는 시간을 끌면 안 된다. 그 자리에서 사과해야 한다. 그리고 진솔하게 사과해야 한다. 나중에 팀원 중 한 사람이 그때 바로 사과했던 것은 참 잘한 것이라고 칭찬을 해줬다.

사과를 즉시 해야 하는 이유가 여러 가지가 있다. 첫째, 잘못을 즉시 인정하고 사과하면 상대방의 감정을 신속히 달랠 수 있다. 만약 바로 사과하지 않고 시간을 끌면, 상대방은 더 큰 상처를 받거나 오해가 계속될 수 있다. 둘째, 사과를 즉시 함으로써 문제를 빠르게 해결하고 신뢰를 회복할 수 있다. 셋째, 사과를 즉시 하면 팀 내의 신뢰와 협동심을 높일 수 있다. 모든 사람이 실수할 수 있지만, 그것을 인정하고 바로잡는 자세가 중요하다. 이러한 자세는 팀원들 간의 관계를 더욱 견고하게 만들고, 공동의 목표를 향해 나아가는 데 큰 도움이 된다.

그때의 경험은 나에게 큰 교훈을 주었다. 사과는 빨리 할수록 좋다는 것, 그리고 진심을 담아서 해야 한다는 교훈이다. 리더로서 자신의 실수를 인정하고 사과하는 것은 쉬운 일이 아니지만, 그것이 팀의 성장과 화합을 위해 필요한 일이라는 것을 배웠다. 앞으로도 같은 실수를 반복하지 않기 위해, 항상 팀원들의 입장을 고려하며 행동하겠다고 다짐했다. 즉시 하는 사과는 잘못을 바로잡고 관계를 회복하는 중요한 첫걸음이라는 것을 명심하며, 더욱 신중하게 행동하려고 한다.

리더도 사람이다

시공사 계약 체결을 위해 계약서 초안에 대한 법무 검토가 진행되는 중에 뜻밖의 암초를 만났다. 시공사와 합의한 계약서 초안에 대해 용역 사로부터 이의가 제기된 것이다. 리스크 관리를 위해 용역사가 자기들 주장을 반드시 관철하겠다는 생각을 갖고 있다는 이야기를 전달받고, 그들의 주장을 살펴보았다. 도저히 시공사가 수용할 수 없는 조건들이 대부분이었다. 가까스로 계약 단계까지 끌고 왔는데, 조건들을 관철하려고 고집을 부리면 착공은 요원해질 상황이었다. 시공사에서도 우리가 그조건들을 계속 주장하면 공사를 포기하겠다는 의견을 보내왔다.

팀원들을 모아 놓고 낙담을 표했다. "5월에 착공을 못 할 것 같다. 시공사가 도저히 수용할 수 없는 조건들이라, 용역사가 그 조건들을 관철하겠다고 주장하면 계약서 도장은 영원히 못 찍는다. 나는 최선을 다했는데 이번 건은 내가 어찌할 수 없으니, 모두 최악의 상황에 대비하자."

나는 리더로서의 한계를 체감하며 팀원들에게 솔직한 마음을 털어놓았다. 리더라고 해서 항상 완벽하고 강인할 수는 없다. 때로는 문제의 무게에 눌려 약한 모습을 보일 수밖에 없다. 중요한 것은 이런 순간을 어떻게 극복하느냐이다.

다행히 시공사와의 협의 결과 용역사가 제시한 조건들은 대부분 철회되고, 계약서 검토가 다시 진행될 수 있었다. 물론 협의를 진행하느라 허비한 기간은 실 착공에 그대로 영향을 미쳐서 그만큼 착공은 지연됐다.

상황이 모두 정리되고 팀원들과 식사를 하는데, 기분이 좋아진 내 모습을 보고 팀원이 이야기했다. "착공 못 한다고 depressed 된 게 엊그제인데, 오늘 기분 좋으시네요." "아냐, depressed는 무슨. little bit upset이었어. 하하." "그건 아닌데요. 낙담하셨어요. 약한 모습 보이셨잖아요. 찔러도 피 한 방울 안 나올 줄 알았는데. 에이, 단장님도 사람이었네. 하하."

그렇다. 리더도 사람이다. 때로는 약한 모습을 보일 수 있다. 중요한 것은 그 약함을 인정하고, 이를 통해 더욱 강해질 기회를 만드는 것이다. 리더는 때때로 완벽함이 아닌 인간적인 면모를 보여줌으로써, 팀원들의 공감을 이끌어내고 함께 어려움을 극복해야 한다고 생각한다.

육각형 인간

[트렌드 코리아 2024]에서 제시된 키워드 중 '육각형 인간'이 있다. 육각형 인간은 외모, 집안, 성격, 학력, 자산, 직업까지 여섯 가지 측면에서 완벽함을 갖춘 인간을 뜻한다. 우리나라의 일반적인 사람들이 생각하는 완벽한 인간의 전형이다. 소위 사람들이 선망하는 조건들을 완벽하게 갖춘 사람이다. 위의 여섯 가지는 대부분 타고나야 하는 것들이다. 본인의 노력으로 갖출 수 있는 것은 제한적이다.

육각형 인간을 부러워한다는 것은, 이제 더 이상 흙수저 성공 신화가 존재하지 않는 것을 의미한다. 더 이상 노력으로 성공하는 것이 가능하지 않다는 자포자기를 뜻하기도 한다.

사람들에게 육각형 인간을 언급했던 적이 있다. 개념은 비슷하지만 그 여섯 가지 측면을 다른 덕목을 적용하여 정리했다. 리더도 육각형 인간이 되어야 하지만 갖추어야 할 덕목은 다른 것이라고 했다.

첫째, 전문성(Expertise)이다. 특정 분야에서 깊이 있는 지식과 기술을 보유한 능력이며, 개인의 핵심 강점을 형성하는 중요한 요소이다. 둘째,

창의성(Creativity)이다. 새로운 아이디어를 창출하고 문제를 창의적으로 해결하는 능력이 필요하다. 빠르게 변화하는 환경에서 창의적인 사고는 필수적이다. 셋째, 소통 능력(Communication)이다. 다양한 사람들과 효과적으로 소통하고 협력할 수 있는 능력이 필요하다. 이는 팀워크와 리더십을 발휘하는 데 필수적 요소이다.

넷째, 디지털 역량(Digital Literacy)이다. 디지털 기술과 도구를 능숙하게 활용할 수 있는 능력을 갖추어야 한다. 디지털로의 전환이 가속화되고 AI 적용이 보편화되는 현대 사회에서 필수적으로 요구되는 역량이다. 다섯째, 문제 해결 능력(Problem Solving)이다. 복잡한 문제를 분석하고 효과적인 해결책을 찾아내는 능력을 갖추어야 한다. 개인의 분석력과 결단력이 필요하다. 마지막으로 글로벌 마인드셋(Global Mindset)이다. 다양한 문화와 배경을 이해하고, 글로벌 관점에서 사고할 수 있는 능력을 갖추어야 한다. 이는 국제화된 요즘 중요한 경쟁력이 될 것이다.

내가 재해석한 '육각형 인간'은 리더가 이러한 여섯 가지 역량을 균형 있게 발전시켜야 한다는 메시지를 가지고 있다. 리더는 현대 사회에서 개인의 단일한 능력만으로는 성공하기 어렵고, 다양한 역량을 조화롭게 갖춰야만 변화와 불확실성에 효과적으로 대응할 수 있다고 생각한다.

메타인지

　내가 리더십에 관해서 이야기할 때 자주 인용하는 두 가지 개념이 있다. '메타인지'와 '자기 객관화'이다. '메타인지(Metacognition)'는 자신을 객관적인 대상으로 바라보며, 무엇을 알고 모르는지 먼저 정확하게 파악하는 능력이다. 그로 인해 어떤 일이 발생할지 일련의 과정을 추론해서, 문제를 해결하거나 대비하려는 사고 활동을 할 수 있다. '자기 객관화(Self-objectification)'는 자신을 외부 관찰자의 시각에서 바라보는 것이다. 자신을 하나의 객체로 간주하고 외부의 시각에서 평가하는 것이다.

　메타인지는 두 가지 요소로 구성된다. 자기 인식(Self-awareness)은 자신의 학습과 사고 과정을 인식하는 능력이다. 자기 조절(Self-regulation)은 학습과 사고 과정을 계획하고 지켜보며 조절하는 능력이다. 메타인지 능력을 키우려면 먼저 말과 글을 통해 설명할 수 있어야 한다고 생각한다. 내가 아는 것과 모르는 것에 대해 명확하게 정리해야 한다.

　자기 객관화도 두 가지 요소로 구성된다. 외부 관찰자 시각(External

perspective)은 자신을 외부에서 보는 시각으로 판단하는 것이다. 비판적 평가(Critical evaluation)는 자신의 외모나 행동을 평가하여 외부의 기준에 맞추려고 하는 것이다. 자기 객관화는 긍정적으로 사용될 수 있지만, 과도하면 자기 비하나 자존감의 상실로 이어질 수 있다.

리더는 이 두 가지 개념을 항상 염두에 두고 생활해야 한다고 생각한다. 특히 메타인지 능력이 떨어지면 인간관계에서 갈등을 초래하거나, 자칫 독단적인 리더가 될 수 있다. 자기 능력을 정확히 파악하고 행동을 조절해야 하는 것이다. 메타인지 능력을 갖춘 리더는 자기 인식을 통해 자신의 강점과 약점을 명확히 이해할 수 있다. 이를 통해 적절한 역할 분담과 팀 구성원들의 역량을 최대한으로 끌어낼 수 있다. 또한, 자기 조절을 통해 감정적 반응을 통제하고, 상황에 맞는 최선의 결정을 내릴 수 있다. 반면에, 메타인지 능력이 부족한 리더는 자신의 판단에만 의존해서, 독단적인 결정을 내릴 가능성이 높다. 이는 팀원들의 의견을 무시하고, 협업의 중요성을 간과하게 만들 수 있다.

따라서, 리더는 메타인지 능력을 지속적으로 개발해야 한다. 이를 위해서는 지속적인 학습과 자기 성찰을 통해, 자기 인식과 조절 능력을 강화하는 것이 중요하다. 또한, 자신을 객관적으로 평가하고 개선할 점을 찾는 자기 객관화 과정을 통해 리더십의 질을 높일 수 있다.

자신을 먼저 챙기자

20여 년 가까이 해외 업무에 종사하다 보니 비행기는 정말 원 없이 탔다고 생각한다. 사우디에서 근무할 때는 2년 가까이, 비자 갱신을 위해 2주마다 두바이를 왕복한 적도 있다. 비행기가 출발하기 전에 기내 안전을 위한 안내 방송이 나오는데, 산소마스크 활용법이 기억난다. 산소마스크를 써야 하는 비상 상황이 발생하면 자신이 먼저 쓰고, 자녀나 주위의 도움이 필요한 사람을 도우라는 안내이다. 자녀를 챙겨 주려다 만약 본인이 산소 부족으로 의식을 잃을 경우, 둘 다 안전하지 못할 수 있다는 논리이다.

리더는 팀원들을 챙기기 이전에 본인이 먼저 안전한 상태를 유지해야 한다고 생각한다. 더욱더 역량을 갖추고 인내심과 추진력을 갖춰야 하는 것이다. 리더가 자신을 먼저 챙기는 것이 이기적으로 보일 수도 있지만, 이는 팀 전체의 안정을 위해 필수적인 전략이다.

리더가 자신의 건강과 정신 상태를 최상의 상태로 유지해야 하는 이유는 분명하다. 리더의 결정과 행동은 팀의 성과와 직결된다. 만약 리더가 과로하거나 스트레스로 인해 판단력이 흐려진다면, 이는 곧바로 팀 전체의 성과 저하로 이어질 수 있다. 따라서 리더는 자신의 건강을 관리하고, 정기적으로 휴식을 취하며 정신적 안정감을 유지해야 한다.

리더는 자신의 역량을 지속적으로 발전시켜야 한다. 이는 새로운 지식을 습득하고, 변화하는 환경에 적응하며, 보다 효율적인 업무수행 방식을 찾는 것을 의미한다. 리더가 자신의 역량을 끊임없이 발전시키면, 이는 팀원에게 긍정적인 영향을 미쳐, 팀 전체의 성과를 높일 수 있다.

리더가 자기 관리를 소홀히 하면, 팀원들도 이를 보고 배우게 된다. 리더가 자신의 건강과 발전을 중요시하지 않는다면, 팀원들도 자신을 소홀히 대할 가능성이 크다. 이는 장기적으로 팀의 사기 저하와 생산성 저하로 이어질 수 있다.

따라서 리더는 자신의 건강과 역량을 최우선으로 생각해야 한다. 이는 이기적인 행동이 아니라, 팀 전체의 안정과 성과를 위해 필수적인 전략이다. 리더가 자신을 먼저 챙기면, 팀원들도 이를 보고 배우며, 보다 건강하고 역량 있는 팀이 될 수 있다. 결국, 자신을 먼저 챙기는 리더가 진정한 리더이다. "We must be our own before we can be another's." – Ralph Waldo Emerson.

부메랑의 원칙

부메랑의 원칙은 우리가 다른 사람을 진심으로 대할 때, 그들도 우리를 진심으로 대하게 된다는 단순하지만 강력한 원칙이다. 이 원칙은 인간관계의 기본적인 상호 작용을 설명하며, 특히 리더십에서 중요한 역할을 한다. 상대방을 칭찬하고 감사하고 인정하는 것이 이 원칙의 핵심 요소이다. 이러한 행동은 긍정적인 상호 작용을 촉진하고, 상호 신뢰와 존중을 쌓는 데 이바지한다.

상대방을 진심으로 대하는 첫걸음은 칭찬과 감사의 표현이다. 우리는 종종 다른 사람의 긍정적인 행동이나 성과를 당연하게 여기는 경향이 있다. 그러나 작은 칭찬과 감사의 말 한마디가 상대방에게 큰 영향을 미칠 수 있다. 이러한 인정은 상대방의 자존감을 높이고, 더 나은 성과를 내도록 동기를 부여한다. 예를 들어, 팀원에게 "당신의 노력 덕분에 프로젝트가 성공적으로 마무리되었습니다. 정말 고맙습니다."라고 말하는 것은 팀원에게 큰 격려가 된다.

또한, 상대방의 말을 경청하고 동의하는 습관을 기르는 것도 중요하다. 상대방의 의견에 동의하고 수용하는 태도는, 그들이 우리에게 더 개방적이고 협력적으로 다가오게 만든다. 이는 단순히 상대방의 의견에 무조건 동의하는 것이 아니라, 그들의 관점을 이해하고 존중하는 것을 의미한다. 예를 들어, 회의 중에 동료의 의견을 경청하고, "좋은 의견입니다. 더 자세히 설명해 주실 수 있나요?"라고 말하는 것은, 그들의 의견을 존중한다는 신호를 보내는 것이다.

바람직한 리더십은 이러한 부메랑의 원칙을 실천하는 데서 비롯된다. 리더는 팀원들을 진심으로 대하고, 그들의 노력을 인정하며, 그들의 의견을 경청해야 한다. 이는 리더와 팀원 간의 신뢰를 구축하고, 팀의 협력과 효율성을 높인다. 리더가 먼저 진심으로 대하면, 팀원들도 리더를 존경하고 따르게 된다.

부메랑의 원칙은 진심이 진심을 부른다는 간단한 진리를 담고 있다. 상대방에게 진심으로 대하는 것은 인간관계를 강화하고, 긍정적인 상호작용을 촉진한다. 이 원칙을 실천함으로써 우리는 더 나은 리더가 될 수 있으며, 조직의 성공과 개인의 성장을 동시에 이룰 수 있다. 진심은 부메랑처럼 돌아와 우리에게 긍정적인 결과를 가져다줄 것이다.

여사님

우리 사회에는 다양한 직업을 가진 분들이 많다. 그들 중에는 우리가 주변에서 자주 마주치지만, 주목받지 못하는 분들도 있다. 이들 중에는 사무실에서 청소를 담당하시는 분들도 포함된다.

소장으로서 현장에 처음 출근한 날, 직원들에게 청소하는 아주머니의 성함을 물어봤더니 아무도 알지 못했다. 그냥 아주머니라고 불러 왔던 것이다. 관리 여직원을 통해 아주머니의 이름을 알아낸 후, 일부러 찾아가서 이름을 불러 드렸다. "한수영 여사님, 오늘부터 출근하게 된 서승종 소장입니다. 앞으로 잘 부탁드리겠습니다." "아유. 소장님. 여사님은 무슨. 그냥 아줌마라고 불러주세요." 그렇지만 그 뒤로도 계속 한수영 여사님이라고 불러드렸다. 직원들도 그 뒤로는 한여사님이라고 부르는 것을 들었다.

청소 아주머니나 아저씨들은 우리 사회의 눈에 잘 띄지 않는 역할을 맡고 있음에도 불구하고, 그들의 역할은 우리의 생활 편의와 안전을 유지하는 데 중요한 역할을 한다. 하지만 종종 그들은 보잘것없는 존재로 여겨지기도 한다. 이러한 인식은 그들의 노고와 희생을 공정하게 평가하지 못하게 만들 수 있다.

고 노회찬 의원의 '6411번 버스' 연설에 '투명 인간'이라는 단어가 나온다. 우리는 주변의 눈에 잘 띄지 않는 곳에서 우리를 위해 일하시는 그분들을, 혹시나 투명 인간 취급하지는 않는지 돌아봐야 한다. 우리는 이들을 이름으로 불러주고 존중하는 것으로 그들의 마음을 얻을 수 있다. 그들도 자신의 이름으로 불려지는 것이 얼마나 중요한지를 알고 있을 것이다. 이는 그들의 존엄성을 인정하고, 그들이 하는 일에 대한 고마움을 표현하는 한 가지 방법일 것이다.

사람들은 종종 사회적 지위나 직업에 따라 인간의 가치를 판단하는 경향을 보인다. 그러나 우리는 모든 사람이 동등한 존엄성을 지니고 있고, 존중을 받을 자격이 있다는 사실을 잊지 말아야 한다. 이를 통해 우리는 더욱더 포용적이고 존중받는 사회를 만들어갈 수 있을 것이다. 따라서, 우리는 모든 사람을 이름으로 불러주고, 그들의 존엄성을 인정하기 위해 노력해야 한다고 생각한다.

"내가 그의 이름을 불러주기 전에는 그는 다만 하나의 몸짓에 지나지 않았다. 내가 그의 이름을 불러주었을 때, 그는 나에게로 와서 꽃이 되었다." 그렇다. 투명 인간은 꽃이 될 수 있다.

사람이 먼저다

"여기 모인 모든 관리자의 가장 중요한 의무는, 현장 작업팀원 모두를 오늘도 안전하게 가족의 품으로 돌려보내는 것입니다. 그분들 출근길에 배웅했던 부모님, 배우자, 자식들에게 안전하게 돌려보내는 것입니다. 이는 안전팀 만의 일이 아닙니다. 우리 모두 안전관리자입니다. 공정도 품질도 원가도 민원도 중요하지만, 가장 중요한 것은 안전입니다. 안전은 사람을 지키는 것입니다. 사람이 먼저입니다."

안전보건협의체 회의든 일반 공정 회의든, 회의를 끝낼 때 내가 항상 강조했던 말이다. 안전보다 더 중요한 것은 없고, 안전은 곧 사람을 지키는 것이고, 결국 "사람이 먼저다"라는 이야기이다.

건설 현장에서는 여러 가지 관리해야 할 분야들이 많지만, 가장 중요한 것은 사람 자체의 안전을 지키는 것으로 생각한다. 작업 팀원이 다치면 그 사람만의 불행으로 끝나는 것이 아니고, 가깝게는 현장 공사 수행에 치명적인 영향을 미친다. 중대 재해가 발생하면 공사는 중단된다. 사고 조사는 물론이고, 이에 대한 재발 방지 대책을 마련하며 여러 절차를 거친다. 이 모든 손실은 기꺼이 감당할 수 있을 것이다. 그렇지만 재해자의 가족들에게는 재앙이다. 가장의 재해는 그 가족들에게는 사망 선고와 같다. 흔히 말하듯이 건설 근로자들은 하루 벌어 하루 먹고 사는 분들이다. 그분들에게 가족의 운명이 달려 있는 것이다. 사람을 지켜야 한다. 무조건 지켜야 한다. 그 가족을 지켜야 한다. 사람이 먼저다.

매일 아침 안전 조회 때마다 마지막 순서인 소장의 한마디 시간에, 내가 이야기하고 외쳤던 구호가 있다. "발바닥이 바닥에서 떨어지면 안전벨트 고리를 거세요. 비계에 올라가든 발판에 올라가든 발바닥이 떨어지면 무조건 고리부터 거세요. 여러분이 다치면 식구들이 굶어 죽습니다. 식구들 목숨 걸지 말고 안전벨트 고리를 거세요. 무조건 거세요. 자. 구호 외칩니다! 발바닥이 떨어지면?" "고리를 건다!" "발바닥이 떨어지면?" "고리를 건다!" 발바닥이 떨어지면?" "고리를 건다!" "감사합니다. 오늘도 안전하게 작업하십시오. 조회 끝!"

안전화

대부분의 건설 현장에서는 한 달에 한 번 '안전 점검의 날' 행사가 열린다. 이날은 전체 작업팀이 모여 안전 조회를 하고, 각 공종별 책임자들과 함께 현장을 둘러보는 중요한 행사일이다. 내가 소장으로 재직할 때, 안전 점검의 날 행사 중 근로자들이 가장 좋아하는 시간은 바로 우수 근로자 표창 시간이었다. 작업팀별로 우수 근로자가 한 명씩 선정되어 직원들이 신는 안전화를 부상으로 받는 시간이다. 직원들이 신는 안전화는 작업자들의 안전화와 다르다. 가볍고 튼튼하며 디자인도 고급스럽다.

우수 근로자 선정은 주로 안전 규정을 잘 지켰는지에 따라 결정된다. 평소 현장을 돌아다니면서 안전벨트 고리를 잘 걸거나, 주변 정리를 잘하는 근로자들을 눈여겨보고 내가 선정한다. 작업팀장한테서 안전 의식이 투철하고 실천하는 근로자들을 추천받기도 한다. 이번 달 우수 근로자가 선정되면, 그들의 이름과 신발 크기를 확인하고 안전팀에 안전화 구매를 지시한다.

최근 외국인 근로자가 많아지면서, 그들에게도 안전화를 지급하게 되었다. 외국인 근로자들은 고급 안전화를 받으면 매우 기뻐한다. 그들이 소속된 회사에서 신규 투입 시 받는 안전화보다 품질이 뛰어난 안전화는, 그들에게 소중한 물건이 된다. 대부분의 근로자는 이렇게 받은 안전화를 아예 신지 않고, 기존에 신던 안전화를 계속 신는다. 나는 그 이유를 알고 있다. 그들은 그 안전화를 고국에 있는 가족에게 보내거나, 기념으로 보관하는 경우가 많기 때문이다.

나는 인간적으로 근로자들을 아끼는 마음도 있지만, 이러한 안전화 지급을 통해 근로자들의 안전 의식을 높이고 실질적인 안전 관리가 가능하리라 기대했다. 안전화는 그들에게 소중한 선물이면서, 내게도 무재해 준공이라는 절대적인 목표를 달성하는 데 있어서 중요한 매개체이다. 안전화는 그만큼 상징적인 의미를 지니고 있다.

물론 해프닝도 있다. "소장님. 이번 달에는 안전화 저 주세요." "어? 지난번에 받지 않았나? 다른 사람 줘야지 이젠." "그거 다른 현장에서 일하시는 아버지 드렸어요. 그 현장에서는 안전화 안 준대요." "……."

악플을 겁내지 말자

인터넷과 SNS의 보급으로 '악플'이라는 용어가 생겨났다. 과거 종이로 된 신문 기사나 책에 대해서는, 독자의 반응을 즉시 파악할 방법이 없었다. 언론사나 출판사에 전화하거나 편지를 보내는 정도의 반응만을 기대할 수 있었다. 그렇지만, 근래에는 인터넷 기사나 SNS 글에 대해 실시간 댓글을 달 수 있다. 이 환경에서 심각성이 대두되는 것이 바로 '악플'이다. 비난과 조롱이 실시간으로 공유되며, 이는 '선플'보다 더 큰 영향을 미친다. 자칫 글쓴이의 자존감을 떨어뜨리고 심리적인 상처를 주기도 한다.

리더는 기사나 글을 쓰는 사람과 같다고 할 수 있다. 조직을 이끌고 성과를 내기 위해 업무를 주도하고, 팀원들에게 지시를 내린다. 리더의 말과 행동은 또 하나의 글과 같아서, 팀원들과 주변 사람들의 반응을 불러일으킨다. 보통의 리더는 이에 대한 팀원들의 반응을 살핀다. 부정적인 반응이 있으면 자신을 돌아보기도 하지만, 그 반응으로 인해 상처를 받을 수도 있다. 물론 긍정적인 피드백은 리더의 잘못이나 오류를 수정하는 데 참고가 될 수 있지만, 부정적인 피드백은 리더에게 낙담이나 포기를 초래할 수도 있다.

하지만, 악플을 겁내지 않아야 한다. 부정적인 평가는 변수가 아닌 상수이다. 언제 어디서든 악플은 있을 수 있으며, 이에 대해 지나치게 반응하거나 이에 따라 상처를 입으면 안 된다. 부정적인 감정을 이겨내는 것이 중요하다.

리더로서 악플을 대하는 가장 좋은 방법은, 이를 건설적인 비판과 그렇지 않은 비판으로 구분하는 것이다. 건설적인 비판은 받아들이고, 이를 통해 성장할 수 있는 기회로 삼아야 한다. 반면, 단순히 감정적인 비난이나 조롱은 무시하는 것이 현명하다. 이런 악플에 일일이 반응하기보다는, 자신의 목표와 가치를 지키며 흔들리지 않는 것이 중요하다.

또한, 리더는 자신이 받는 비판을 팀원들과 공유하고, 이를 통해 함께 성장할 기회로 삼을 수 있다. 팀원들에게 부정적인 반응에 너무 연연하지 말고, 자신의 길을 묵묵히 걸어가라고 격려할 수도 있어야 한다.

악플을 겁내지 말고 자신의 신념과 목표를 굳건히 지키는 것이 중요하다. 부정적인 반응은 항상 있을 수 있지만, 이를 극복하고 나아가는 것이 진정한 리더의 모습이다. 악플에 흔들리지 않고, 긍정적인 변화를 위해 노력하는 리더가 되고 싶다.

메시지는 간결해야 한다

"장미꽃이 피면 착공한다!" 이는 죽전 프로젝트의 착공을 목표로 서너 달 전부터 팀원들에게 전달된 메시지이다. 이 간결한 문구는 5월 말 장미꽃이 피면 착공하겠다는 의지와 희망을 담고 있다.

팀의 성공을 끌어내기 위해 리더의 메시지는 명확하고 간결해야 한다. 간결한 메시지는 팀원들에게 명확한 방향을 제시하고, 그들이 목표를 이해하고 실행하는 데 중요한 역할을 한다.

간결한 메시지를 작성하기 위해서는 몇 가지 방법을 고려해야 한다. 첫째, 메시지를 가능한 한 짧고 간결하게 유지해야 한다. 불필요한 단어나 구절을 피하고 본질에 집중하는 것이 중요하다. 목표나 방향을 한 문장으로 명확하게 설명할 수 있도록 노력해야 한다. "안전하지 않으면 작업하지 않는다!"라는 메시지는, 짧지만 강력한 목표를 전달한다.

둘째, 단순하고 이해하기 쉬운 용어와 문구를 사용해야 한다. 복잡한 언어나 개념을 피하고, 모든 팀원이 쉽게 이해할 수 있는 내용으로 구성된 메시지가 더 효과적이다. 간결한 언어는 혼동을 줄이고, 팀원들이 메시지를 빠르게 이해하고 기억할 수 있게 한다.

셋째, 메시지에 감정을 담아야 한다. 긍정적이고 열정적인 어조는 팀원들에게 자신감과 동기부여를 전달한다. 감정을 담은 메시지는 팀원들이 공감하고, 리더의 열정을 공유하는 데 도움이 된다.

넷째, 목표나 방향을 구체적으로 제시해야 한다. 추상적이거나 모호한 메시지는 팀원들이 목표를 이해하고 실행하는 데 어려움을 줄 수 있다. 구체적인 목표를 담은 메시지는 팀원들이 무엇을 해야 하는지 명확하게 이해할 수 있게 해준다.

다섯째, 중요한 내용을 반복하고 강조해야 한다. 반복을 통해 팀원들이 핵심 메시지를 이해하고 기억하기 쉽게 할 수 있다. 라임을 이용할 수도 있다. 예를 들면 "휴가가 끝나면 설계도 끝난다"와 같다.

간결한 메시지는 팀의 성공을 이끄는 중요한 요소이다. 명확하고 간결한 메시지는 팀원들이 목표를 이해하고 실행하는 데 큰 도움을 준다. 리더는 간결한 메시지를 통해 팀원들과 효과적으로 소통하고, 그들의 열정을 끌어낼 수 있다.

올해의 세 가지 메시지는 다음과 같다. "장미꽃이 피면 착공한다!" "휴가가 끝나면 설계도 끝난다!" "첫눈이 오면 전기도 들어온다!"

마법의 숫자 3

"오늘 발표할 주제는 크게 세 가지로 나눌 수 있습니다."

"세 가지 키워드만 기억하시면 됩니다."

"그 제안에 대해 세 가지 의견을 드리겠습니다."

'마법의 숫자 3'이라고도 불리는 이 세 가지로 정리하는 기법은, 내가 발표할 때나 의견을 제시할 때 자주 이용한다. 인간은 인지적 한계와 기억력에 기반하기 때문에, 한꺼번에 너무 많은 정보를 받아들이기보다는 간결하고 구체적인 내용에 집중하려는 경향을 지닌다. 이러한 원리를 이용하여 발표나 회의를 주재할 때, 초반에 내용을 세 가지로 압축하여 두괄식으로 전달하는 것은, 효과적인 메시지의 전달과 이해를 돕는 중요한 전략이 된다고 생각한다. 시작 단계에서 그 세 가지를 간단히 설명하고, 이후 세부적인 내용들을 풀어 나가면 된다.

우리는 보통 너무 많은 정보에 노출되면, 중요한 부분을 놓치기 쉽다. 이에 반해, 세 가지로 요약된 내용은 이해하기 쉽고 기억하기 쉬운 구조를 제공하여, 청중들이 정보를 더 쉽게 이해하고 기억할 수 있게 해준다.

발표를 듣는 사람들이 부담 없이 주제에 집중할 수 있도록 도와준다.

첫째, 이러한 세 가지로 요약된 내용은 발표의 전체적인 구조를 명확히 보여준다. 발표 시작할 때 "오늘 발표할 주제는 세 가지가 있습니다."라고 말하면 청중들은 발표의 방향성을 빠르게 이해할 수 있다. 발표자의 의도를 더 명확하게 파악할 수 있게 해주고, 세 가지만 기억하면 되겠다는 안도감까지 줄 수 있다.

둘째, 세 가지로 요약된 내용은 발표의 중요한 핵심을 강조한다. 발표자가 중요하다고 여기는 세 가지 내용을 선택하고 요약하는 과정은, 자료 작성 과정 중 핵심 주제와 이에 관련된 설명을 요약하고 분류하게 해준다. 발표 이전에 핵심 주제를 이미 정리한 것이다.

마지막으로, 세 가지로 요약된 내용은 발표의 구조를 단순화하여 이해하기 쉽게 만들어 준다. 복잡한 주제나 내용을 세 가지로 압축하면, 청중들이 빠르게 정보를 처리하고 이해할 수 있도록 돕는다. 발표 내용의 효과적인 전달과 이해를 도모하는 중요한 역할을 한다.

십여 년 전에 미사 중 강론을 하시던 신부님께서 '삼위일체'를 설명하시다가, 숫자 3의 의미는 어떤 것인지 신자들에게 물어보셨다. 지목받은 내가 한 답변은 다음과 같다. "삼각형이 모든 다각형 중에 가장 안전합니다. 어떤 방향에서든 힘이 작용해도 삼각형은 흔들리지 않습니다."

이 책의 소제목이 '세 가지 질문에 답하는 리더십 고찰'인 것도 우연이 아니다.

청해력

   나는 회의하거나 대화할 때 보통은 말하는 사람을 쳐다본다. 그렇지만 때로는 그 사람 쪽으로 머리를 기울이고, 눈을 감고 이야기를 듣기도 한다. 눈빛이나 몸짓과 같은 비언어적인 요소를 배제하고, 그 사람이 무슨 말을 하려는 것인지 말 그 자체만을 집중해서 들으려고 노력한다.

   여기서 '청해력(聽解力, listening comprehension ability)'이란 단어를 떠올린다. 음성 언어를 듣고 제대로 이해하는 능력이라는 의미인 청해력의 중요성은, 현대 사회에서 점점 더 강조되고 있는 요소이다. 특히 최근에는 온라인 영상 매체가 급속하게 발전함에 따라, 제대로 듣기의 중요성이 더욱 필요해졌다. 이제는 책이나 글을 읽는 것보다, 유튜브나 영상 플랫폼을 통해 정보를 습득하는 경우가 더 많기 때문이다.

   청해력은 대화나 의사소통에서 가장 기본적이면서도 중요한 능력 중 하나이다. 상대방의 의견을 올바르게 이해하고 핵심을 파악하는 것은, 원활한 대화와 효율적인 의사소통의 핵심 요소이다.

   책을 읽을 때 필요한 '문해력(文解力, literacy)'은 시간을 두고 키울 수 있다. 글을 읽고 이해할 때는 시간의 제약을 받지 않는 경우가 대부분이다. 반면에, 온라인 영상 매체를 통해 정보를 접하는 경우나, 회의에 참석해서 들을 때는 시간의 제약을 받는다. 실시간으로 이해하면서, 상대방의 발음이나 억양, 표정 등을 통해 정보를 습득해야 한다. 이는 책이나 글을 읽는 것과는 다른 능력이며, 적극적인 노력과 연습이 필요하다.

그뿐만 아니라, 말하기의 중요성도 더욱 주목받고 있다. 대화나 영상 매체를 통해 정보를 전달할 때는, 명확하고 조리 있게 말하는 것이 매우 중요하다. 말을 통해 정보를 설명하고 전달하는 능력이 뛰어나면, 상대방의 이해를 돕고 효과적인 의사소통을 가능하게 한다. 명확하고 이해하기 쉬운 말을 사용하는 것 또한 중요하다.

따라서 청해력과 말하기 능력은 리더로서 반드시 갖춰야 할 요소이다. 이를 통해 더 나은 대화와 의사소통을 이룰 수 있으며, 효과적인 정보 전달과 이해를 도모할 수 있다. 잘 듣고 잘 말해야 하는 것이다. 또한, 정확히 알아듣고 이해해야 올바른 의사 결정을 할 수 있다. 상대방의 의견을 올바르게 이해하고, 리더의 의사를 명확하게 전달해야 한다.

아이들링이 필요하다

아이들링(Idling)은 엔진이 최소한의 연료만을 소비하며 공회전하는 상태를 의미한다. 비록 차량이 멈춰 있지만 엔진은 계속 작동하고 있다. 시동을 막 걸었을 때나 신호등에 멈춰 서 있을 때는, 엔진이 아이들링 상태에 있는 것이다. 시동을 건 이후의 아이들링은 엔진을 예열하고 오일을 순환시켜서 운행 준비를 한다. 신호등에 멈춰 서 있거나 잠시 운행을 멈출 때는, 엔진은 구동 부하가 없는 상태에서 잠시 휴식을 취한다.

살아가면서 우리에게도 가끔은 아이들링이 필요하다. 숨이 가쁘게 하루하루를 살다 보면 여유가 없어지고 몸과 마음이 지치기도 한다. 주말에 하고 싶었던 취미 생활을 즐기거나 외식하며 휴식을 취할 수도 있다. 주중 근무시간에도 가끔 아무것도 생각하지 않고 멍하니 앉아 있을 때가 있다. 이러한 모든 것들이 엔진의 아이들링과 같다. 비록 활동을 멈추지만, 이는 다시 활동을 시작하기 위한 준비이자 그동안의 피로에서 회복하는 시간이다.

아이들링 상태에서 엔진이 예열되고 오일이 순환되듯이, 우리도 휴식을 통해 몸과 마음을 준비할 수 있다. 이는 단순히 시간을 낭비하는 것이 아니라, 새로운 도전에 대비하고 더 나은 성과를 내기 위해 필요한 과정이다. 주말이나 휴가 동안의 여유로운 시간, 혹은 하루 중 짧은 휴식 시간이 모두 아이들링과 같은 역할을 한다.

우리에게는 이러한 아이들링이 필요하다. 엔진이 과도한 부하를 견디기 위해 잠시 멈추듯이, 우리도 과도한 스트레스와 피로를 이기기 위해 잠시 멈추어야 한다. 일상에서 잠깐의 여유를 찾고, 자신을 돌아보며 재충전하는 시간이 필요하다.

결국, 아이들링은 단순한 멈춤이 아니라, 더 나은 미래를 위한 준비와 회복의 시간이다. 우리는 이 시간을 통해 새로운 에너지를 얻고, 더 나은 성과를 낼 수 있는 능력을 갖추게 된다. 삶의 질을 높이고, 지속 가능한 성장을 위해 아이들링의 중요성을 인식하고, 이를 실천하는 것이 필요하다고 생각한다.

십자가를 지고 가겠습니다

"오랜 시간 기다렸습니다. 이제 착공이 가시화되었습니다. 초기에 업체를 바로 교체했으면 기간을 단축할 수 있었는데, 기존 업체와 협상하며 허비한 2개월, 그 무거운 십자가는 단장이 홀로 지고 가겠습니다. 장미꽃이 피면 착공합니다." 이 글은 내가 팀원들에게 보낸 이메일의 일부분이다. 2개월의 지연은 내 잘못은 아니었지만, 리더로서 책임을 지겠다는 결심을 담았다.

나는 처음부터 업체 교체의 필요성을 강하게 주장했지만, 주위의 여러 의견과 영향으로 인해 결정이 지연되었다. 결국 2개월 후, 내가 처음 제안한 대로 업체가 교체되었다. 신규 업체 선정 통지를 한 후, 나는 팀원들에게 십자가를 언급하며 리더로서 그 지연에 대한 모든 책임을 내가 지겠다는 의지를 밝혔다.

리더는 문제가 발생했을 때, 그것이 본인의 잘못이든 주위 환경 때문이든, 책임을 회피하거나 다른 곳에 전가해서는 안 된다고 생각한다. 모든 책임은 결국 리더가 져야 한다. 리더십의 본질은 책임감이며, 그 책임을 기꺼이 지고 나아가는 것이 진정한 리더의 자세다. 십자가를 진다는 것은 바로 이런 책임감을 상징한다.

이번 프로젝트에서 나는 큰 교훈을 얻었다. 처음부터 나의 주장이 옳았음을 입증했지만, 그 과정에서 팀원들의 신뢰를 유지하고, 프로젝트의 성공을 위해 헌신해야 했다. 리더로서 나의 결정이 팀 전체에 미치는 영향을 깊이 깨닫게 되었다. 내가 리더로서 선택한 길이 팀을 올바른 방향으로 이끌기 위한 것임을 항상 명심해야 한다고 알게 되었다.

팀원들에게 십자가를 언급한 것은 단순한 말이 아니었다. 그것은 나의 의지와 결단을 나타내는 중요한 표현이었다. 나는 이 프로젝트의 성공을 위해 최선을 다할 것이며, 그 과정에서 발생하는 모든 어려움과 책임을 내가 짊어지겠다는 약속을 한 것이다. 리더로서의 책임을 다하는 것이 팀의 사기를 높이고, 신뢰를 쌓는 데 중요한 역할을 한다고 믿는다.

이번 경험을 통해, 나는 리더십의 진정한 의미를 다시 한번 되새기게 되었다. 리더는 자신의 결정과 그 결과에 대해 책임지며, 팀원들에게 본보기가 되어야 한다. 십자가를 지고 가겠다는 나의 결심은 리더로서의 다짐이자, 앞으로 나아갈 길에 대한 의지의 표현이었다.

고슴도치 딜레마

'고슴도치 딜레마(Hedgehog's Dilemma)'라는 용어가 있다. 매서운 추위에 함께 떨고 있는 고슴도치들에게는 너무 가까이 다가가면 서로를 찌르고, 멀리 떨어지면 고립된 상태에서 혼자 추위의 고통을 견뎌야 하는 딜레마가 발생한다. 가시에 찔리지 않으면서도 온기를 나눌 수 있는 적당한 거리가 필요하다고 생각한다. 사회생활에서도 마찬가지로 한없이 친근하게 대할 수는 없고, 적당한 거리를 두어야 하는 것이다. 이를 팀원들과 리더와의 관계에서도 적용하여, 팀원 간의 친밀감은 가지고 있되 적당한 거리를 두어야 한다고 응용할 수 있다.

팀 내에서 친밀한 관계를 형성하는 것은 중요하다. 팀원들 간의 신뢰와 존중은 팀의 성과와 협업에 필수적이다. 그러나 너무 가까이 다가가면 갈등이 생길 수 있고, 친근감이 지나치면 팀원들을 통제할 수 없는 경우도 생긴다. 따라서 팀원들과는 서로를 이해하고 신뢰하기 위해 적절한 거리를 유지하는 것이 중요하다.

이러한 적절한 거리를 유지하기 위해서는 리더의 역할이 중요하다. 리더는 팀원들 간의 관계를 촉진하고 지원하여 팀 내의 친밀감을 유지하면서도, 적절한 거리를 유지해서 갈등이나 예의 없음, 혹은 통제 곤란을 최소화해야 한다. 이는 고슴도치들이 서로를 보호하면서도 적절한 거리를 유지하는 것과 유사하다.

적절한 거리를 유지하는 것은 팀의 성과에도 긍정적인 영향을 미친다. 너무 가까이 다가가면 갈등 가능성이 높아지고, 너무 멀리 떨어지면 협업이 어려워질 수 있다. 따라서 적절한 거리를 유지하면서도 팀원들 간의 친밀감을 유지함으로써 팀의 성과를 높일 수 있다.

마지막으로, 적절한 거리를 유지하는 것은 팀 내의 다양성을 존중하고 포용하는 것과도 연결된다. 팀 내의 다양성은 각자의 고유한 관점과 아이디어를 제공할 수 있게 해준다. 그렇기에 이러한 다양성을 존중하고 포용하기 위해서는, 적절한 거리를 유지하는 것이 중요하다.

고슴도치 딜레마는 팀원들과 리더 간의 관계에서 적절한 거리 유지의 중요성을 상기시키는 예시이다. 친밀한 관계를 형성하면서도 적절한 거리를 유지함으로써, 팀의 성과를 높이고 팀원들 간의 친밀감을 유지할 수 있다.

과잉

몇 년 전 내가 담당했던 프로젝트를 떠나면서, 나는 그동안의 내 행동을 돌아보며 세 가지 중요한 구절을 뽑아냈다. "과잉된 책임감, 과잉된 자신감, 과잉된 배려심" 조직을 이끄는 사람에게 책임감, 자신감, 그리고 배려심은 당연히 필요한 소양이다. 그러나 이 중 한 가지라도 과잉되면 안 된다는 것을 깨달았다. 과잉의 사전적인 의미는 '수량이나 정도가 필요로 하는 것보다 지나치게 많아서 남는 것'이다. 여기서 중요한 것은 '필요로 하는 것의 정도'를 파악하는 일이다. 이를 파악해야만 과잉인지 아닌지 판단할 수 있다.

나는 그 프로젝트의 시작부터 과잉된 태도를 보인 것 같다. 중요한 프로젝트를 맡았으니 반드시 잘해야 한다는 책임감, 나는 충분히 잘 해낼 수 있다는 자신감, 그리고 팀원 간의 화합을 위한 배려심 등이 지나쳤다. 프로젝트를 떠날 때쯤이 되어서야 이 사실을 알 수 있었다.

과잉된 책임감은 나에게 큰 부담을 주었다. 프로젝트의 모든 작은 부분까지 챙기려다 보니 오히려 큰 그림을 놓치게 되었고, 중요한 의사 결정이 필요한 시점에 빠른 판단을 내리지 못했다. 이는 팀의 사기에도 악영향을 미쳤다. 내가 모든 책임을 지려다 보니 팀원들은 오히려 수동적으로 변했고, 자신의 역할에 대한 책임 의식이 줄어들었다.

과잉된 자신감 또한 문제였다. 나의 능력을 과신한 나머지 다른 사람들의 조언이나 의견을 무시하는 경우가 많았다. 이는 팀원들 사이에서 나에 대한 신뢰를 떨어뜨렸고, 결과적으로 팀워크를 약화시켰다. 자신감은 중요한 덕목이지만, 그것이 지나치면 독단적인 리더십으로 변질될 수 있다.

마지막으로, 과잉된 배려심은 팀의 효율성을 저하시켰다. 팀원들의 의견을 지나치게 존중하려다 보니 의사 결정 과정이 길어졌고, 때로는 불필요한 갈등을 초래했다. 이해시키고 설득하는 과정을 줄이고 때로는 과감한 지시를 하려 했지만, 배려심에 익숙해진 팀원들은 잘 따르지 않았다. 배려심은 팀원 간의 화합을 위해 필수적이지만, 그것이 지나치면 리더의 영이 서지 않게 만들 수 있다.

리더는 과잉된 감정과 태도를 지니는 것을 피해야 한다고 생각한다. 적절한 책임감, 자신감, 배려심은 훌륭한 리더십의 기본이지만, 그것이 지나치면 오히려 역효과를 낳는다. 적정한 균형을 유지하는 것이 진정한 리더십의 핵심임을 깨달았다.

험담은 세 사람을 죽인다

유대인 격언에 "험담은 세 사람을 죽인다."가 있다. 이 세 사람은 험담을 한 사람, 험담의 대상이 된 사람, 그리고 험담을 옮긴 사람이다. 험담은 단순한 말의 전달이 아니라, 그 파급력으로 인해 사람들의 관계와 삶에 큰 해를 끼친다. 한국 사회에서는 유교적인 문화와 군사 문화의 영향으로 인해, 공개적인 비판을 잘하지 못하는 경향이 있다. 또한 합리적인 비판을 할 수 있는 토론 문화도 충분히 발달하지 못했다. 그렇다 보니 험담을 통해 간접적으로 비난하며 스트레스를 푸는 경우가 많다.

험담의 가장 큰 악영향은 사람 사이의 관계를 악화시키는 것이다. 험담이 옮겨지다 보면 부정적인 요소가 많아질 뿐, 그 특성상 절대로 긍정적인 요소가 추가되지는 않는다. 이는 사람들이 서로에 대해 불신을 갖게 만들고, 협력과 소통을 저해하는 요인이 된다. 험담의 대상이 된 사람은 자신의 평판이 손상되는 것을 경험하며, 이는 정신적 스트레스와 사회적 고립감을 초래할 수 있다. 험담을 옮긴 사람은 자신의 신뢰성을 잃게 되고, 험담을 한 사람은 결국 자신의 인격 추락을 경험한다.

우리는 살아가면서 이러한 험담의 유혹에서 벗어날 필요가 있다. 험담은 잠시의 만족감을 줄 수 있지만, 장기적으로는 모두에게 해롭다. 이를 피하려면 비판이나 조언이 필요한 상황에서, 직접적으로 대화를 시도하는 것이 중요하다. 공개적인 자리가 아니더라도 험담의 대상을 따로 만나서 대화하거나, 이메일 등을 통해 비판이나 조언을 할 수 있을 것이다. 이렇게 하면 상대방에게 직접 피드백을 줄 수 있어 오해를 줄이고, 건설적인 대화를 통해 문제를 해결할 수 있다.

또한, 우리는 스스로 험담의 유혹을 경계하고, 긍정적인 대화를 추구해야 한다. 다른 사람에 관한 이야기를 나눌 때, 우리는 그들의 장점을 강조하고, 격려하는 방향으로 대화를 이끌어야 한다. 이는 우리의 인간관계를 더욱 건강하고 강하게 만들어 줄 것이다.

험담은 모두에게 해롭다. 세 사람을 죽인다는 유대인 격언은 이를 잘 보여준다. 우리는 험담의 유혹을 이겨내고, 서로에 대한 존중과 이해를 바탕으로 건강한 소통 문화를 만들어가야 한다. 이렇게 함으로써 모두가 더 나은 사회를 만들어갈 수 있을 것이다.

조직 침묵

'조직 침묵(Organizational Silence)'은 조직 내에서 구성원들이 의견이나 아이디어, 문제점 등을 자유롭게 표현하지 않는 현상을 의미한다. 이는 조직 내 권위적인 문화, 리더십의 부재, 피드백에 대한 두려움 등 다양한 원인으로 발생한다. 조직 침묵은 조직의 건강과 성과에 부정적인 영향을 미친다.

조직 침묵의 부정적인 효과로는 세 가지를 들 수 있다. 첫째, 문제 해결을 지연시킨다. 조직 침묵은 문제를 초기에 발견하고 해결하는 것을 방해한다. 구성원들이 문제를 인식하고도 이를 보고하지 않으면, 작은 문제가 점차 커져 더 큰 위기로 발전할 수 있다. 둘째, 조직의 혁신을 저해한다. 조직 내에서 새로운 아이디어나 제안이 나오지 않으면, 혁신이 어려워진다. 이는 조직의 경쟁력을 낮추고, 시장 변화에 적응하는 능력을 감소시킨다. 셋째, 조직 문화를 악화시킨다. 구성원들이 자기 의견을 표현하지 못하는 환경은 신뢰와 협력의 문화를 저해한다. 이는 구성원들의 만족도와 참여도를 낮추고, 결과적으로 조직의 전체적인 성과에도 부정적인 영향을 미친다.

리더가 조직 침묵을 극복하는 방법은 두 가지를 들 수 있다. 첫째, 열린 의사소통 문화를 조성해야 한다. 리더는 팀원들이 자유롭게 의견을 표현할 수 있는 열린 환경을 만들어야 한다. 이를 위해 정기적인 팀 회의나 개별 면담 등을 통해, 팀원들이 자기 생각을 공유할 기회를 제공해야 한다. 또한, 리더는 적극적으로 경청하고, 구성원들의 의견을 존중하는 태도를 보여야 한다. 둘째는 심리적 안전감 조성이다. 리더는 팀원들이 실패나 실수를 두려워하지 않고 도전할 수 있는 환경을 만들어야 한다. 이를 위해 실수를 학습의 기회로 여기는 문화를 조성하고, 잘못된 결정에 대해서도 처벌보다는 개선의 방향으로 접근하는 것이 중요하다. 구성원들이 심리적 안전감을 느끼면, 더 적극적으로 의견을 제시하고 참여하게 된다.

조직 침묵은 다양한 부정적인 영향을 미친다. 리더는 이를 극복하기 위해 열린 의사소통 문화, 익명성 보장, 심리적 안전감을 조성하고, 구성원들이 자유롭게 의견을 표현할 수 있는 환경을 만들어야 한다. 이러한 노력이 조직의 건강과 성과를 높이는 데 이바지할 것이기 때문이다.

항상 곁에 있겠습니다

"오랜 시간 먼 길 거쳐서 계약에 이르기까지 함께 해주셔서 감사드립니다. 드라마와 같은 역사의 한 페이지를 같이 쓸 수 있어서 행복했습니다. 오늘에 이르기까지 고생하셨던 모든 분께 감사드립니다. 저는 항상 여러분 곁에 있겠습니다."

이 구절은 새롭게 선정된 시공사와 계약을 체결한 다음 날, 시공사 직원들에게 보낸 이메일의 일부이다. 계약 체결까지의 여정을 함께 한 직원들의 노고에 감사하면서, 앞으로도 항상 함께하겠다는 약속을 담았다. 이는 단순한 감사의 표현을 넘어, 앞으로도 지속될 신뢰와 협력을 약속하는 중요한 메시지였다.

인간관계에 있어서 무한한 신뢰는 중요한 요소이다. 계약과 같은 중요한 업무는 많은 사람들의 노력과 협력을 필요로 한다. 이 과정에서 맺어진 인연이 단순히 일회성으로 끝나는 것이 아니라, 지속적인 관계로 발전하는 것은 프로젝트의 성공과 직결된다. 일회성의 단기적인 인연보다는, 깊은 신뢰를 바탕으로 한 오랜 관계가 더 큰 시너지를 발휘한다.

"저는 항상 여러분 곁에 있겠습니다."라는 약속은 단순한 말이 아니다. 이는 함께 일한 모든 사람들과의 신뢰를 바탕으로 한 지속적인 협력을 의미한다. 비록 해당 업무가 완료되었더라도, 그동안 쌓아온 신뢰와 유대는 쉽게 사라지지 않는다. 이러한 신뢰는 앞으로의 업무와 새로운 프로젝트에서도 큰 자산이 된다. 그래서 항상 곁에 있겠다고 했다.

업무를 통해 맺어진 인연을 소중히 여기고, 이를 지속적으로 유지하는 것은 조직의 발전에 큰 도움이 된다. 사람과 사람 사이의 관계는 단순히 업무를 넘어서, 상호 존중과 신뢰를 바탕으로 할 때 더 큰 의미가 있다. "항상 여러분 곁에 있겠습니다."라는 약속은 바로 이러한 신뢰와 존중의 표현이다.

앞으로도 나는 이 약속을 지키기 위해 노력할 것이다. 함께 일한 사람들과의 관계를 소중히 여기고, 지속적인 협력과 지원을 아끼지 않을 것이다. 이 약속이 단순한 말에 그치지 않고, 실질적인 행동으로 이어질 때, 우리는 더 큰 성공을 함께 이룰 수 있을 것이다. 이러한 다짐을 통해, 앞으로도 더 많은 사람들과 함께 성장하고 발전하는 조직을 만들어 갈 생각이다.

슈퍼 의식

브라이언 트레이시의 저서 《Maximum Achievement – 잠들어 있는 성공 시스템을 깨워라》에서 제시된 '슈퍼 의식(Superconscious mind)'은 인간의 창의력, 영감, 문제 해결 능력의 원천이다. 저자는 슈퍼 의식을 올바르게 사용하면 어떤 문제도 풀 수 있고, 어떤 장애도 극복할 수 있으며, 진정으로 바라는 목표를 달성할 수 있다고 말한다. 이러한 슈퍼 의식은 개인의 위대함과 성취의 기초가 된다. 리더는 본인은 물론 팀원들의 슈퍼 의식을 높이고 자주 활용할 수 있도록 이끌어야 한다.

첫째, 긍정적인 사고를 촉진하는 환경을 조성해야 한다. 긍정적인 사고는 슈퍼 의식의 활성화에 필수적이다. 리더는 팀원들이 긍정적인 사고를 유지할 수 있도록 격려하고, 이를 방해하는 부정적인 요소를 제거해야 한다. 이를 위해 감사의 문화를 도입하고, 성공 사례를 공유하며, 팀원들이 서로를 지지하고 격려하는 분위기를 조성할 수 있다. 긍정적인 환경은 팀원들의 창의력을 높여주고, 더 큰 성취를 목표로 노력할 수 있게 동기를 부여한다.

둘째, 창의적인 문제 해결을 장려하는 것이다. 리더는 팀원들이 창의적으로 사고하고 문제를 해결할 기회를 제공해야 한다. 이를 위해 다양한 문제 해결 방법을 탐구하고, 팀원들이 새로운 아이디어를 자유롭게 제시할 수 있는 환경을 조성해야 한다. 창의적인 문제 해결 과정은 팀원들이 슈퍼 의식을 활용하도록 돕고, 그들의 잠재력을 최대한 발휘할 수 있게 해주기 때문이다.

셋째, 목표 설정과 성취를 위한 도구를 제공한다. 슈퍼 의식은 목표를 달성하도록 동기를 부여하는 역할을 한다. 리더는 팀원들이 명확하고 도전적인 목표를 설정할 수 있도록 돕고, 이를 달성하기 위한 도구와 자원을 제공해야 한다. 또한 목표 달성을 위한 진척 상황을 지속적으로 점검하고 피드백을 제공하여, 팀원들이 목표에 집중하고 성취감을 느낄 수 있게 해야 한다.

리더는 긍정적인 사고 환경 조성, 창의적인 문제 해결 장려, 목표 설정과 성취를 위한 도구 제공을 통해, 본인은 물론 팀원들의 슈퍼 의식을 높이고 자주 활용할 수 있도록 이끌어야 한다. 이를 통해 조직 전체의 창의력과 성과를 극대화할 수 있으며, 각 구성원이 자신의 잠재력을 최대한 발휘하도록 도울 수 있다. 슈퍼 의식의 활용은 리더십의 핵심 요소로, 조직의 성공과 개인의 성장을 동시에 이루는 데 중요한 역할을 한다.

하얀 토끼를 사냥하라

"톨스토이가 쓴 단편 중에 행복의 비밀은 뒤뜰에 숨겨져 있다고 들은 아이들에 관한 이야기가 있다. 찾으면 그 비밀을 영원히 가질 수 있는 대신 한 가지 조건이 있었다. 그것은 비밀을 찾는 도중에는 결코 하얀 토끼를 생각해서는 안 된다는 것이다. 아이들은 비밀을 찾으러 갈 때마다 하얀 토끼를 생각하지 않으려고 노력했다. 그러나 노력하면 할수록 아이들은 하얀 토끼를 더 많이 생각하게 되었고, 결국 행복의 비밀을 찾을 수 없었다." 브라이언 트레이시의 《Maximum Achievement – 잠들어 있는 성공 시스템을 깨워라》에 있는 구절이다.

"하얀 토끼를 절대로 생각하지 말라." 이 조건은 우리가 하얀 토끼라는 변명을 항상 지니고 살아가고 있음을 상징한다. 하얀 토끼란 명확한 목표를 세우지 못하고 자신이 진정으로 원하는 것에 전념하지 못할 때 내세우는 변명거리를 의미한다. 우리의 목표와 꿈을 이루기 위해서는 하얀 토끼를 사냥해야 하는 것이다.

하얀 토끼는 우리가 목표를 향해 나아가는 길에서 만나는, 온갖 유혹과 방해물이다. 이는 목표를 향해 집중하는 데 방해가 되는 모든 요소를 포함한다. 예를 들어, 우리는 중요한 프로젝트를 완수해야 할 때, 자주 불필요한 일이나 소셜 미디어에 빠져 시간을 낭비하곤 한다. 이러한 하얀 토끼들은 우리의 주의를 분산시키고, 결국 우리가 원하는 목표를 이루지 못하게 만들 수 있다.

하얀 토끼를 사냥하기 위해서는 먼저 자신이 진정으로 원하는 것이 무엇인지 명확히 해야 한다. 명확한 목표를 설정하면 하얀 토끼들이 주는 유혹에 흔들리지 않을 수 있다. 목표를 달성하는 데 필요한 행동 계획을 세우고, 이를 실천해야 한다. 목표가 명확하면 불필요한 변명이나 방해 요소들을 자연스럽게 걸러낼 수 있다.

또한, 하얀 토끼를 사냥하고자 할 때는 자신에게 엄격한 규율을 적용해야 한다. 시간 관리와 우선순위 설정이 중요하다. 그날 해야 할 일 중 가장 중요한 작업에 먼저 집중하고, 이를 완료한 후에 덜 중요한 일을 처리하는 습관을 들여야 한다.

우리의 삶에서 하얀 토끼를 사냥하는 것은 명확한 목표를 설정하고, 그 목표를 향해 흔들림 없이 나아가는 것을 의미한다. 이 책의 교훈을 통해 우리는 변명과 유혹을 이겨내고 진정으로 원하는 바를 성취할 수 있다. "하얀 토끼를 사냥하라." 그것이 꿈을 이루는 첫걸음이다.

과감히 포기한다

리더로서 성공을 이루는 데 필요한 덕목 중 하나는 바로 과감히 포기하는 자세이다. 도저히 목표를 이룰 수 없다고 판단되거나, 들이는 노력 대비 성과가 적어 소위 가성비가 낮은 사안에 대해서는 과감히 포기하는 것이 낫다. 이러한 결단은 어렵지만 지속적으로 손해를 보지 않기 위해서는 필수적이다.

리더는 때때로 현재까지 들인 시간이나 비용이 아까워서, 계속 매달리고 싶은 유혹을 느끼게 된다. 하지만 '매몰 비용(Sunk cost)'에 얽매여서는 안 된다. 매몰 비용은 이미 회수할 수 없는 자원으로, 이를 아까워하며 계속해서 비효율적인 프로젝트나 업무에 매달리면, 손실은 더욱 커지고 원하던 결과를 얻는 것은 더 요원해진다. 이럴 때 필요한 것이 바로 과감히 포기하는 결정이다.

내가 가지고 있는 원칙 중 하나가 바로 과감히 포기하는 것이다. 예를 들어, 한 프로젝트에 이미 많은 자원을 투입했지만, 예상한 성과가 나타나지 않을 때가 있다. 이럴 때는 자원을 더 투입하기보다는 현재 상황을 냉정하게 분석한 후, 아니다 싶으면 즉시 포기한다. 이는 조직 전체의 자원을 효율적으로 사용하고자 할 때도 중요한 역할을 한다.

포기는 실패를 의미하지 않는다. 오히려 그것은 더 나은 기회를 찾기 위한 전략적 선택이 될 수 있다. 어떤 길이 막히면 새로운 길을 바로 모색하는 것이 현명하다. 리더는 제한된 자원과 시간을 가지고 조직을 이끌어야 하므로, 비효율적인 사안에 매달릴 여유가 없다. 과감히 포기하고 새로운 기회를 모색하는 것이 더 나은 결과를 가져올 수 있다.

또한, 포기하는 자세는 리더에게 큰 용기와 결단력을 요구한다. 이는 때로는 조직 내에서 비난을 받을 수도 있는 어려운 결정이다. 하지만 이러한 결단은 장기적으로 조직의 성공에 이바지할 수 있다. 리더는 단기적인 손실보다 장기적인 이익을 추구해야 하며, 이를 위해 과감히 포기하는 결정을 내릴 수 있어야 한다.

그렇기에, 리더는 과감히 포기하는 자세를 가져야 한다고 생각한다. 이는 조직의 자원을 효율적으로 사용하고, 더 나은 기회를 찾아 나가는 데 있어서 필수적이다. 매몰 비용에 얽매이지 않고, 냉정하게 상황을 분석하여 최선의 결정을 내리는 것이 진정한 리더십이다.

헤어질 결심

흘러가는 것임을

이제 조금은 알 것 같다

보고 싶다고

다 볼 수 있는 것은 아니며

나의 사랑이 깊어도

이유 없는 헤어짐은 있을 수 있고

받아들일 수 없어도

받아들여야만 하는 것이 있다는 것을

사람의 마음이란 게

아무 노력없이도 움직일 수 있지만

아무리 노력해도

움직여지지 않을 수 있다는 것을

기억 속에 있을 때

더 아름다운 사람도 있다는 것을

가을이 가면 겨울이 오듯

사람도 기억도 이렇게 흘러가는 것임을

공지영 작가의 책 《빗방울처럼 나는 혼자였다》에 나오는 글이다. 애정을 가지고 일했던 프로젝트를 떠나면서 직원들에게 남긴 글이다. 내 사랑이 깊어도 이유 없는 헤어짐이 있을 수 있고, 받아들일 수 없어도 받아들여야 하는 것이 있다. 그렇게 나는 그 프로젝트를 떠났다.

'헤어질 결심'은 줄거리는 물론 등장인물도 모르는 영화이다. 단지 "영화 제목은 참 잘 지었구나. 언젠가는 써먹을 만한 문장이다."라고 생각했다. 바라지 않던 헤어짐이 또다시 있었을 때, 이 책의 다른 주제인 '낙화'의 내용과 비슷한 심정으로 떠올린 문구가 '헤어질 결심'이었다.

우리는 자의든 타의든 이별을 경험할 수밖에 없다. 그것이 사별일 수도 있고 이혼이 되거나 직장에서는 다른 부서로 발령이 날 수도 있다. 즐겁게 해왔던 업무를 더 이상 할 수 없게 되거나, 담당하는 프로젝트에서 떠날 수 있다. 애정이 깊을수록 상처가 클 수밖에 없다. 그렇기에 항상 마음속에 이 말, '헤어질 결심'을 품고 지내야 한다. 업무든 사람이든 어느 정도의 거리는 두고, 항상 '헤어질 결심'을 해야겠다고 다짐한다.

보상 이상의 법칙

'보상 이상의 법칙(The Law of Overcompensation)'은 브라이언 트레이시가, 그의 저서 《Maximum Achievement – 잠들어 있는 성공 시스템을 깨워라》에서 제안한 목표 달성 시스템의 중요한 법칙 중 하나이다. 이 법칙은 우리가 다른 사람들에게 제공하는 가치가, 우리가 실제로 받는 것보다 항상 많을 때 작동하는 원리에 기반한다. 다른 사람들에게 이바지한 만큼 보상받게 된다는 것이다.

보상 이상의 법칙은 주는 것이 받는 것보다 더 큰 힘을 발휘한다는 논리에서 출발한다. 우리가 다른 사람들과 조화를 이루면서 일하고, 그들을 돕고, 그들의 목표 성취를 지원하면, 우리 또한 위대한 성취를 이룰 수 있다는 것이다. 이는 단순히 개인적인 이득을 넘어서는 것으로, 궁극적으로 조직 전체의 성공에 이바지한다.

이 법칙을 실천하기 위해서는 몇 가지 핵심 원칙이 필요하다. 첫째, 다른 사람들과 협력하고, 그들의 필요와 목표에 관심을 기울여야 한다. 이는 단순한 동료애를 넘어서, 진정으로 그들의 성공에 이바지하려는 마음가짐을 요구한다. 예컨대, 프로젝트에서 동료의 성장을 돕는 멘토 역할을 하거나, 필요한 지원을 아끼지 않고 지원하는 것이 이에 해당한다.

둘째, 주는 것이 받는 것보다 더 크다는 원칙을 일상 업무에서 실천해야 한다. 이는 나의 시간, 에너지, 자원 등을 투자하여 다른 사람의 성공을 도모하는 것을 의미한다. 이러한 태도는 단기적인 이익보다는 장기적인 성장을 목표로 하며, 결국에는 더 큰 보상으로 돌아오게 된다.

셋째, 조직의 성공을 개인의 성공보다 우선시하는 리더십을 발휘해야 한다. 뛰어난 리더는 자신의 목표뿐만 아니라 팀원들의 목표 성취를 돕는 데 집중한다. 이렇게 하면 팀원들은 더욱 동기 부여되어 업무에 최선을 다하게 되고, 이는 조직 전체의 성과로 이어진다. 바람직한 리더십은 개인의 이익보다 조직의 성공을 중요시하며, 이를 통해 자연스럽게 개인의 성공도 따라오게 된다.

보상 이상의 법칙은 타인들과의 조화로운 협력과 기여를 통해, 더 큰 성공을 이루는 원리를 설명한다. 다른 사람에게 더 많이 줄수록, 우리는 더 큰 보상을 받게 된다. 이는 단순히 물질적인 보상을 넘어서, 신뢰, 존경, 성취감 등의 형태로 나타날 수 있다. 이 법칙을 통해 우리는 더 나은 리더가 될 수 있으며, 조직의 성공을 이룰 수 있을 것이다.

최악의 결과는 무엇인가

걱정거리가 생겼을 때 내가 자주 쓰는 방법은, 최악의 결과가 무엇인지 생각하고 이를 종이에 적어 보는 것이다. 이는 막연한 두려움과 걱정을 구체적으로 정의하고, 그로 인해 발생할 수 있는 최악의 결과를 파악함으로써, 마음의 평안을 찾는 데 도움이 된다. 실패를 할 수 있고, 그에 따라 비난이나 처벌의 두려움을 걱정할 수 있다. 그렇지만 막연한 걱정보다는 그 실패에 따른 최악의 결과가 무엇인지 먼저 정의를 내리는 것이 중요하다고 생각한다. 최악이 아니면 괜찮은 것이다.

직장 상사에게 혼난다거나, 가족에게 핀잔을 듣는다거나, 팀원들에게 원망을 들을 수 있다. 이러한 결과들은 우리 일상에서 흔히 겪을 수 있는 일들이다. 그런데도 우리는 종종 이러한 상황을 과도하게 걱정한다. 그러나 이러한 결과들은 충분히 감내하고 극복할 수 있다. 잠시의 불편함과 스트레스를 초래할 수 있지만, 장기적으로 큰 영향을 미치지 않는다.

직장 생활에 있어서 최악의 조치와 결과는 해고당하는 것이다. 이는 생계와 직결되기 때문에 많은 사람들이 두려워하는 상황 중 하나일 것이다. 그렇기에 나는 자주 질문을 한다. "그래서? 회사에서 잘릴 만한 사안인가? 해고되지 않을 정도면 참을 만하지 않은가?" 이러한 질문은 문제의 심각성을 객관적으로 평가하고, 과도한 걱정을 줄이는 데 도움이 된다.

실패에 대한 두려움이나 비난에 대한 걱정은 자연스러운 감정이다. 그러나 이러한 감정을 과도하게 키울 필요는 없다. 최악의 결과를 명확히 정의하고 이를 수용할 준비가 되어 있다면, 우리는 더 용기를 가지고 도전할 수 있다. 예를 들어, 새로운 프로젝트를 맡거나 중요한 결정을 내릴 때 실패에 따르는 최악의 결과를 미리 생각해 보면, 그 결과가 감내할 만한 것인지 판단할 수 있다. 보통은 최악의 결과가 우리가 생각하는 것만큼 심각하거나 파괴적이지 않다.

결국, 최악의 결과를 정의하고 그것이 정말로 견딜 수 있는 것인지 판단하는 과정은, 우리를 더 담대하게 만들어 준다. 이는 삶에서 도전과 기회를 더 적극적으로 받아들이게 하며, 두려움에 사로잡히지 않고 성장할 수 있게 한다. 따라서, 걱정거리가 생길 때마다 최악의 결과를 생각하고, 그것을 수용할 준비를 하는 것이 중요하다. 이는 우리의 정신적 안정을 유지하고, 더 나은 결정을 내리는 데 큰 도움이 될 것이다.

성공 시스템

브라이언 트레이시가 그의 저서 《Maximum Achievement - 잠들어 있는 성공 시스템을 깨워라》에서 제시한, 성공을 위한 체계적 접근 방법을 소개한다. 내게 인생에 있어서 가장 감명 깊게 읽은 책이 무엇인지 묻는다면, 주저 없이 이 책이라고 대답한다. 이 책은 개인이 목표를 달성하고 삶을 개선하는 방법을 여러 가지 항목을 들어서 강조한다. 성공 시스템은 주로 목표 설정, 자기 훈련, 시간 관리, 긍정적 사고, 그리고 지속적인 학습과 성장을 포함한다. 이 시스템을 이해하고 적용하면, 개인은 잠재력을 최대한 발휘하여 원하는 결과를 얻을 수 있다는 논리이다.

목표 설정은 성공의 첫 단계다. 명확하고 구체적인 목표를 설정하고, 이를 달성하기 위한 계획을 세운다. 목표는 단기적, 중기적, 장기적으로 나누어 설정할 수 있다. 두 번째 단계로서 성공을 위해서는 자기 훈련이 필수적이다. 이는 규칙적인 생활 습관을 유지하고, 계획을 실천하는 데 필요한 의지력과 인내심을 기르는 것이다.

다음으로, 시간을 효율적으로 관리하는 것은 성공의 중요한 요소다.

저자는 우선순위를 정하고, 중요한 일에 집중하며, 시간을 낭비하지 않는 방법을 강조한다. 또한, 긍정적 사고는 성공에 큰 영향을 미친다. 저자는 긍정적인 마음가짐을 유지하고, 실패를 배우는 기회로 삼으며, 자신감을 잃지 않는 것이 중요하다고 말한다. 끝으로, 성공을 위해서는 끊임없이 배우고 성장하는 자세가 필요하다. 책에서는 독서, 교육, 자기 계발을 통해 지식을 확장하고, 새로운 기술을 습득할 것을 권장하고 있다.

성공 시스템을 삶에 적용하기 위해서는 대표적으로 네 가지를 제시하고 있다. 첫째, 목표를 구체적으로 작성하기이다. 단순한 희망이 아닌 구체적인 목표를 세우고, 이를 달성하기 위한 세부 계획을 작성한다. 둘째, 매일 아침 일과를 계획하고, 중요한 일을 먼저 처리하는 습관을 들인다. 일정에 따라 행동하고, 계획을 지키기 위해 자신을 스스로 훈련한다. 셋째, 시간 관리 기술을 적용한다. 우선순위를 정하고, 중요한 일에 집중할 수 있도록 일정을 조정한다. 급한 일과 중요한 일을 구분하고, 이에 따라 시간을 배분한다. 넷째, 긍정적인 마음가짐을 유지하기 위해 감사의 말을 자주 하고, 긍정적인 자기 대화를 연습한다. 실패 시에는 좌절하지 말고, 이를 통해 배울 점을 찾는다.

브라이언 트레이시의 성공 시스템은 이러한 요소들을 통합하여, 개인의 잠재력을 극대화하고, 성공을 향한 구체적인 길을 제시한다.

Better late than never

예능 프로그램 '꽃보다 할배'가 미국에 수출되어 방영되는데, 현지 타이틀이 'Better late than never'라는 것을 알고, 기가 막히게 제목을 잘 지었다고 생각했다. "그렇지. 늦었다고 생각하고 말 것이 아니고, 그 나이에도 무엇인가 하는 것이 아름답지." 나이를 먹었다거나 환경이 뒷받침되지 않다거나 하는 등의 핑계를 대면서, 하고 싶거나 해야 할 일을 미루는 습관을 지닌 사람들이 많다. 그렇다고 아무 일도 하지 않으면 아무것도 얻을 수 없다. 살아가면서 늦었지만 아무 일이라도 먼저 하자는 생각이 필요하다.

살면서 많은 일들이 생각만큼 쉽게 이루어지지 않을 때가 있다. 어린 시절부터 꿈꿔왔던 목표가 성인이 되어서도 여전히 요원하게 느껴질 때, 우리는 흔히 "이미 늦었어"라는 생각에 사로잡히게 된다. 하지만 'Better late than never'라는 말은 이러한 생각을 깨뜨리는 강력한 메시지를 담고 있다. 나이가 들었다거나, 환경이 적절하지 않다는 이유로 하고 싶은 일을 미루기만 한다면, 우리는 결코 그 꿈을 이룰 수 없다. 오히려 늦었다고 생각하는 지금이라도 무언가를 시작한다면, 그 자체로 큰 의미가 있을 것이다.

인생의 여러 국면에서 "늦었다"라고 생각하기 쉽다. 예를 들어, 새로운 외국어를 배우는 것, 운동을 시작하는 것, 혹은 새로운 취미를 가지는 것 등은, 나이와 상관없이 언제든지 도전할 가치가 있다. 최근에는 중년 혹은 노년에 새로운 학문을 탐구하거나, 창업에 도전하는 사람들의 이야기를 많이 듣는다. 이들은 "늦었다"라는 편견을 깨고, 새로운 시작을 통해 놀라운 성취를 이루어낸다.

또한, 늦더라도 시작하는 것이 중요한 이유는 후회하지 않기 위해서다. 시간이 지나고 나서 "그때 시작했더라면"이라고 후회하는 것보다, 지금이라도 시작해서 무엇인가를 이루는 것이 훨씬 의미 있다. 우리의 삶은 도전과 성취의 연속이며, 나이는 단지 숫자에 불과하다. 중요한 것은 시작하려는 용기와 결단력이다.

'Better late than never'는 우리에게 용기를 준다. 나이, 환경, 상황을 이유로 미루지 말고, 지금 바로 시작하자는 메시지다. 아무리 늦었다고 생각해도, 지금 시작하면 앞으로 나아갈 수 있다. 이 메시지를 마음에 새기고, 우리의 꿈과 목표를 향해 한 걸음씩 나아가는 삶을 살자. 그러면 언젠가 우리도 "늦었지만 시작해서 다행이야."라고 말할 수 있을 것이기 때문이다.

낙화

가야 할 때가 언제인가를

분명히 알고 가는 이의

뒷모습은 얼마나 아름다운가.

봄 한철

격정을 인내한

나의 사랑은 지고 있다.

분분한 낙화.

결별이 이룩하는 축복에 싸여

지금은 가야 할 때.

무성한 녹음과 그리고

머지않아 열매 맺는

가을을 향하여

나의 청춘은 꽃답게 죽는다.

헤어지자

섬세한 손길을 흔들며

하롱하롱 꽃잎이 지는 어느 날.

나의 사랑, 나의 결별

샘터에 물 고이듯 성숙하는

내 영혼의 슬픈 눈.

    지금 직장으로 이직을 결심하고 건설 회사를 떠나오면서, 송별회장에서 내가 낭송했던 이형기 시인의 시다. 가야 할 때가 언제인가를 알고 가는 이의 뒷모습이 아름답다는 구절을 특히 좋아한다. 추억은 미련을 남긴다. 그렇기에 사람들은 익숙한 것을 쉽게 버리지 못하고, 익숙한 곳을 떠날 때 주저한다. 건설 회사가 아닌 IT 회사로 이직하면서 나름대로 고민을 많이 했다. 아내의 조언이 결정적으로 내 마음을 정하게 했다. "당신은 어딜 가도 잘할 거야. 후회 없는 선택이 될 거라고 믿어."

    그렇게 나는 30여 년간 일했던 건설 업계를 떠났다. 후회는 없다. 오히려 잘한 선택이라고 자부한다. 가야 할 때가 그때였던 것이다.

어벤져스

"우리가 프리콘과 데이터센터의 역사를 새로 쓰는 유일한 조직입니다. 우리는 할 수 있습니다. 자신감을 갖고 갑시다. 소장을 믿고 갑시다. 우리가 어벤져스입니다." 직원들에게 보낸 글의 마지막 문구가 "우리가 어벤져스입니다."이다.

어벤져스는 히어로들이 모여 하나가 되어 세계를 구하는 이야기를 담은 영화이며, 팀워크와 상호 협력의 중요성을 강조한다. 이는 팀원들이 자신의 역할을 중요하게 여기고, 서로 협력하여 목표를 달성할 수 있음을 상기시키는 데 도움이 된다. 어벤져스를 언급하는 것은 그와 유사한 가치를 강조하여, 팀원들을 칭찬하고 동기 부여할 수 있는 효과적인 방법이다.

또한, "우리는 할 수 있습니다."라는 구호는 팀원들의 자부심과 자신감을 고취하는 데 유용하다. 이는 팀원들에게 자신들의 능력과 가능성을 믿고, 어떤 어려움에도 불구하고 도전해 나갈 수 있다는 자신감을 주는 메시지이기도 하다.

이처럼, 리더는 긍정적인 메시지를 팀원들에게 전달하여, 팀의 단결력을 높이고 자부심을 고취할 필요가 있다. 이는 팀의 성과를 높이고, 긍정적인 분위기를 조성하는 데 중요한 역할을 한다. 팀의 단결력을 고취하기 위해서는 다양한 방안을 적용할 수 있다. 팀원 간의 상호 신뢰는 팀의 단결력을 높이는 데 중요한 역할을 한다. 리더는 팀원들 간의 관계를 개선하고, 상호 신뢰를 증진하는 활동을 촉진할 수 있다. 팀원들이 서로를 더 잘 이해하고 존중하며, 함께 더 나은 결과를 이루기 위해 협력하는 데 도움이 된다.

팀원들의 역량이 강화될수록 팀의 단결력은 높아진다. 리더는 팀원들의 역량을 지속적으로 평가하고 개발하기 위한, 교육 및 훈련 프로그램을 도입할 수 있다. 또한, 팀원들에게 적절한 역할과 책임을 부여하여 자신감을 키우고, 팀의 성과에 이바지하도록 지원할 수 있다.

효과적인 소통은 팀의 단결력을 높이는 데 중요한 요소이다. 리더는 팀원들 간의 소통을 촉진하고, 개방적인 의견 교환과 피드백을 장려할 수 있다. 또한, 팀원들의 의견을 경청하고 존중하는 문화를 조성하여, 팀원들이 자신의 의견을 자유롭게 표현하고 토론할 수 있는 환경을 만들어야 한다. 모두를 어벤져스의 히어로로 만들어야 하는 것이다.

왔노라 보았노라 이겼노라

착공 행사가 있던 날 시공사 직원들과 함께 식사하는 자리에서 하고 싶었던 건배사가 있었다. 점심시간인 데다 우리만의 공간이 아니고, 다른 손님들도 식사하고 있어서 결국 건배사는 하지 못했다. 이전에 근무하던 회사에서도 가끔 했던 건배사이다. 내 건배사의 특징은 프롤로그가 있다는 것이다. 단순하게 "무엇 무엇을 위하여!"라고 하지는 않는다. 그리고 어김없이 마법의 숫자 3, 세 가지 구호를 외친다. 다음은 착공을 기념하며 그날 외치고 싶었던 건배사이다.

"기원전 47년이었습니다. 로마 장군 줄리어스 시저가 소아시아 폰투스 왕국의 파르나케스 2세와의 전투에서 승리한 후, 로마 원로원에 보낸 전문은 세 단어였습니다. 라틴어로 'Veni Vidi Vici'. 왔노라 보았노라 이겼노라. 나는 오늘 이 자리에서 이 세 가지 전문을 인용하여 구호를 외치겠습니다. 왔노라 보았노라 착공했노라. 우리는 모든 어려움을 뚫고 오늘 착공이라는 성과를 이뤘습니다. 그 성과를 이룬 우리 모두에게 건배합시다. 내가 왔노라를 외치면 왔노라. 보았노라 하면 보았노라. 착공했노라 하면 착공했노라. 그리고 어쩌고저쩌고 위하여 하면 위하여로 구호를 끝냅시다. 자. 시작합시다. 술잔을 높이 들고. 왔노라. 왔노라! 보았노라. 보았노라! 착공했노라. 착공했노라! 우리 다우 클라우드 데이터센터 무재해 준공과 성공적인 사업 수행을 위하여! 위하여!"

또 하나의 건배사도 자주 사용한다. "핏불 테리어라는 사냥개가 있습니다. 우리가 아는 세퍼트나 블러드하운드도 사냥에 많이 따라가지만, 사냥꾼들이 최고라고 인정하는 사냥개는 단연코 핏불 테리어입니다. 사냥감을 발견하면 목줄을 물고 절대 놓지 않습니다. 사냥감의 동료들이 핏불 테리어의 온몸을 물고 뜯어 뇌파가 정지될 때까지, 절대 목줄을 놓지 않습니다. 우리 모두 핏불 테리어와 같이 근성을 가지고 악착같이 업무를 수행했으면 합니다. 무재해 준공과 성공적인 사업 수행을 위하여 악착같이 될 때까지 끝까지 노력합시다. 자. 구호 외치겠습니다. 악착같이. 악착같이! 될 때까지. 될 때까지! 끝까지. 끝까지! 우리 다우 클라우드 데이터센터 무재해 준공과 성공적인 사업 수행을 위하여! 위하여!"

6장 의미 있는 삶

의미 있는 삶

내 구글 아이디의 닉네임은 '의미 있는 삶'이다. 삶의 궁극적인 목표가 무엇인가에 대해 고민하면서, 행복이나 건강과 같은 추상적이고 통상적인 것 외에 다른 것을 찾고자 했다. 그렇게 찾은 단어가 바로 '의미'였다. 내 삶의 결과물이 나와 가족은 물론, 사회에 무엇인가 의미가 있어야 한다는 생각에서였다. 우리의 삶은 의미가 있어야 하는 것이다.

의미 있는 삶을 추구한다는 것은 단순히 물질적인 성취나 순간의 즐거움을 넘어서는 것을 의미한다. 그것은 우리가 하는 일과 선택이 더 큰 목적과 연결되어 있다는 것을 깨닫는 것이다. 이는 단순히 직업이나 경제적 성공이 아닌, 우리 자신과 주변 사람들, 그리고 사회 전체에 긍정적인 영향을 미치는 것을 포함한다. 이를 위해서 세 가지 실천 방안을 정리해 보았다.

첫째, 자신의 가치와 목표를 명확히 하는 것이 중요하다. 각자에게 의미 있는 것은 다를 수 있다. 어떤 사람에게는 가족과의 시간이, 다른 사람에게는 사회적 기여가 의미 있을 수 있다. 자신의 가치와 목표를 명확히 하면, 매일의 선택과 행동이 더욱 분명해진다. 예를 들어, 나에게 중요한 가치가 '배움'이라면, 나는 끊임없이 배우고 성장하는 활동에 집중할 것이다.

둘째, 타인과의 관계를 소중히 여기는 것이다. 사람과의 관계는 우리의 삶에 깊은 의미를 부여한다. 가족, 친구, 동료와의 관계에서 진정한 의미를 찾을 수 있다. 이들에게 긍정적인 영향을 미치고, 그들의 삶을 풍요롭게 하는 것이 바로 의미 있는 삶의 한 부분이라고 생각한다. 작은 친절이나 도움도 큰 의미가 있을 수 있다.

셋째, 사회적 기여를 통해 의미를 찾는 것이다. 봉사 활동이나 기부, 사회적 문제 해결에 참여하는 것은 우리가 속한 공동체에 긍정적인 변화를 불러온다. 이는 우리 삶을 더욱 의미 있게 만들고, 사회적 책임감을 느끼게 한다. 예를 들어, 외국인 이주자들을 위한 사회 복지 시설에 일정 금액을 기부함으로써, 다 함께 사는 사회를 구현할 수 있다.

의미 있는 삶은 단순한 생존을 넘어, 자신과 타인, 그리고 사회 전체에 긍정적인 변화를 만들어가는 과정이다. 삶의 매 순간이 가치 있게 느껴지며, 우리는 더 큰 만족감과 성취감을 느낄 수 있다. 의미 있는 삶을 추구하며, 우리는 더 나은 자신과 더 나은 세상을 만들어 갈 수 있다. 우리의 목표는 단순히 살아남는 것이 아니다. 의미 있는 삶을 사는 것이다.

지금의 실천이 내일의 역사이다

"역사는 여러분에게 묻습니다. 역사로부터 무엇을 배웠으며 어떤 미래를 꿈꾸고 있는가? 지금 여러분의 생각과 실천이 바로 내일의 역사가 될 것입니다." 2004년 12월 7일 고 노무현 대통령이 파리의 소르본느 대학에서 연설했던 내용의 일부이다. 미래에 할 일을 계획하고 준비하는 것도 중요하지만, 현재의 실천이 결국 내일의 역사를 만든다는 것으로 이해된다. 그렇기에 매 순간 최선을 다하면서 살아야 하는 것이다.

우리는 종종 미래에 어떤 일을 하겠다고 다짐하며, 현재를 소홀히 여기는 경향이 있다. 하지만 진정한 변화는 현재의 행동에서 비롯된다. 오늘 우리가 내딛는 작은 한 걸음이, 내일의 역사를 만드는 초석이 될 수 있기 때문이다.

지금 이 순간 최선을 다한다는 것은 단순히 현재에 충실히 임하는 것을 넘어, 미래를 위한 준비 과정에서도 최선을 다하는 것을 의미한다. 예를 들어, 학문을 연구하는 학생들은 지금의 학습과 연구가 훗날 사회에 이바지할 수 있는 중요한 밑거름이 될 수 있음을 잊지 말아야 할 것이다.

현재의 노력이 없이는 미래의 성취도 없다는 것을 깨닫고, 매 순간 최선을 다해야 하는 것이다.

또한, 우리가 하는 모든 일에 최선을 다할 때, 그 결과는 단지 우리 개인의 삶을 넘어 사회와 역사에 긍정적인 영향을 미칠 수 있다. 고 노무현 대통령의 말과 행동은 많은 이들에게 영감을 주고, 한국 사회의 민주주의 발전에 큰 영향을 미쳤다. 우리는 우리의 작은 실천이 언젠가 큰 변화를 끌어낼 수 있다는 믿음을 가져야 한다.

마지막으로, 매 순간 최선을 다하는 것은 후회를 남기지 않는 삶을 사는 것을 의미한다. 우리는 언제나 모든 상황에서 최선을 다했다는 확신을 가질 때, 비로소 자신의 삶을 자부심을 가지고 돌아볼 수 있게 된다. 현재를 충실히 살아가는 것이 곧 우리 자신에게도, 그리고 미래 세대에게도 큰 의미를 갖게 된다.

그러므로 지금 이 순간 최선을 다하자. 우리의 생각과 실천이 바로 내일의 역사를 만드는 중요한 요소임을 명심하고, 매 순간 최선을 다해 살아가는 것이야말로 진정한 삶의 자세일 것이다.

최선을 다하겠습니다

"최선을 다하겠습니다. 신뢰를 얻겠습니다. 최고가 되겠습니다." 이 문구는 내가 지금 회사에 입사할 때, 인사팀에서 입사자 한마디를 요청하기에 보내 준 글귀이며 나의 다짐이다. 이 세 가지는 내가 평소에 중요하게 여기는 가치이며, 특히 "최선을 다하겠습니다."라는 표현은 나의 일관된 신념을 담고 있다. 이 글을 통해 왜 이 세 가지 다짐이 중요한지, 그리고 이 다짐이 어떻게 내 삶과 직장 생활에 적용되는지 설명하고자 한다.

첫 번째 다짐은 최선을 다하는 것이다. 최선을 다한다는 것은 단순히 노력하는 것을 넘어, 매 순간 최상의 결과를 추구하는 태도를 의미한다. 이 태도는 직장에서의 업무 수행뿐만 아니라, 가정과 사회에서의 역할에도 똑같이 적용된다. 예를 들어, 프로젝트를 진행할 때 최선을 다해 준비하고 실행한다면, 그 결과는 자연스럽게 긍정적일 수밖에 없을 것이다. 이는 단순히 결과에만 집중하는 것이 아니라 그 과정에서도 배우고 성장하는 것을 포함한다.

두 번째 다짐은 신뢰를 얻는 것이다. 신뢰는 단기간에 쌓을 수 있는 것이 아니라, 꾸준한 노력과 일관된 행동을 통해 형성된다. 나는 항상 성실하고 진정성 있는 태도로 업무에 임하며, 팀원들과의 협력과 소통을 중시해 왔다고 자부한다. 이러한 자세는 동료들의 신뢰를 얻고, 궁극적으로는 팀 전체의 성과를 높이는 데 이바지하리라 믿었다.

세 번째 다짐은 최고가 되는 것이다. 최고가 된다는 것은 경쟁에서 이기는 것을 의미하는 것이 아니라, 자기의 한계를 극복하고 지속적으로 성장하는 것을 의미한다. 이는 끊임없는 자기 계발과 학습을 통해 이루어질 수 있다. 나는 새로운 기술과 지식을 습득하고, 이를 업무에 적용하는 데 주저하지 않는다. 이를 통해 개인의 역량을 강화하고, 조직의 발전에 이바지하고자 노력한다.

리더로서 직장 생활은 물론 가정과 사회에서 최선을 다하면서, 역량을 키우고 업무를 수행하는 것은 쉬운 일은 아닐 것이다. 그러나 이러한 다짐을 통해 나는 매일 조금씩 성장하고, 더 나은 사람이 되어가고 있다고 믿는다. "최선을 다하겠습니다."라는 다짐은 단순한 말이 아니라, 내 삶의 철학이자 행동의 기준이라고 할 수 있다. 이 다짐이야말로 나를 지금의 위치에 있게 한 원동력이며, 앞으로도 계속해서 나를 이끌어갈 것이다.

말과 글은 영혼을 비추는 거울이다

"말은 영혼을 드러내는 탁월한 도구이자 영혼이 제일 먼저 모습을 갖추는 첫 번째 형태다. 말은 생각하는 대로 나오는 법이다. 인생을 단순하게 개선하려면 말과 글을 조심해야 한다. 말은 생각처럼 단순하고 꾸밈없으며 확실하다. 그러므로 올바르게 생각하고, 솔직하게 말하라!" 19세기 프랑스의 목사이자 작가인 샤를 와그너(Charles Wagner, 1852~1918)의 저서 《단순한 삶(La vie simple)》에 나오는 글귀이다.

말과 글은 우리의 영혼을 비추는 거울이며, 우리의 인격과 진실성을 나타내는 중요한 수단이다. 이 두 가지는 우리가 타인과 소통하고 관계를 형성할 때 결정적인 영향을 미친다. 진실성 있는 말과 글을 통해 우리는 자기 생각과 감정을 솔직하게 전달할 수 있을 뿐만 아니라, 상대방과의 신뢰를 구축하고 긍정적인 관계를 형성할 수 있다.

진실성 있는 말과 글은 우리에게 다양한 이점을 제공한다고 생각한다. 먼저, 다른 사람에게 진실한 이미지를 전달하여 신뢰를 쌓을 수 있다. 우리의 말과 글이 일관되고 진정성 있게 다가간다면, 상대방은 우리를 더욱 신뢰하고 존중할 것이기 때문이다. 둘째, 소통의 효과를 높여서 상대방과의 관계를 강화하고 협력을 촉진할 수 있다. 우리가 솔직하게 자기 생각과 감정을 표현할 때, 상대방은 우리를 더 존중하고 소통하려는 의지를 갖게 될 것이다. 마지막으로, 내면의 감정을 표현함으로써 내적 충족감을 느끼고 자신을 존중할 수 있다. 우리가 솔직하게 자신을 표현할 때, 스스로에 대한 인정과 존중을 얻을 수 있기 때문이다.

진실성 있는 말과 글을 사용하기 위해서 내 나름대로 세 가지 원칙을 만들었다. 먼저, 솔직하면서 정직하게 표현하려고 노력한다. 내 생각과 감정을 솔직하게 전달함으로써 상대방과의 신뢰를 쌓을 수 있다. 둘째, 다른 사람들을 존중하고 이해하는 태도를 보인다. 상대방의 의견이나 감정을 경청하고 존중함으로써 긍정적인 관계를 형성할 수 있다. 셋째, 말과 글을 선택적으로 사용하여 효과적으로 전달하는 방법을 항상 찾는다. 적절한 단어와 톤을 사용하며 친절한 말과 글을 통해, 상대방에게 내 의사가 올바르게 전달될 수 있도록 노력한다.

말과 글은 우리의 영혼을 비춰주는 거울이며, 우리는 그 소중한 거울을 통해 자신을 성찰하고, 서로를 더욱 깊이 이해하고 존중할 수 있을 것이다. 진실성 있는 말과 글을 사용함으로써, 우리는 상대방과의 신뢰를 쌓고 긍정적인 관계를 형성할 수 있을 것이다.

다름과 틀림

    다름과 틀림의 차이는 사회적 상호 작용에서 중요한 개념이다. 직장 생활을 하면서 그 다름을 틀림으로 받아들이면서, 본인의 주장을 관철하려 하거나 상대를 비난하는 사람들을 많이 보았다. 그 사람들에게 두 개념을 비교하며 틀린 것이 아니고 다른 것이라고 이야기하면서 설득한 적이 많았다. 다름과 틀림은 겉보기에는 유사해 보일 수 있지만, 실상은 본질적으로 다르다. 이를 명확히 구분하는 것은 갈등을 줄이고 상호 존중을 실현하는 데 도움이 된다.

    먼저, '다름'은 다양성의 표현이다. 사람은 각기 다른 배경, 경험, 가치관을 가지고 있으며, 이에 따라 서로 다른 의견과 관점을 가질 수밖에 없다. 다름은 이러한 개인의 독특한 차이를 인정하고 존중하는 개념이다. 예를 들어, 어떤 사람은 자연 보호를 최우선으로 여기고, 다른 사람은 경제 성장을 더 중시할 수 있다. 이러한 차이는 각자의 가치와 경험에서 비롯된 것이며, 둘 다 합리적이고 존중받아야 할 의견이다. 다름은 사회를 풍부하고 다채롭게 만들어 주며, 인류의 문화와 지혜의 원천이 된다.

반면, '틀림'은 객관적 사실이나 기준에 어긋나는 경우를 의미한다. 예를 들어, 수학 문제의 정답은 객관적으로 결정되며, 그 정답에 맞지 않으면 틀렸다고 말할 수 있다. 과학적 사실, 역사적 사건, 수학적 계산 등에는 옳고 그름이 명확히 존재한다. 그러나 사회적, 윤리적 문제나 개인의 신념에 있어서 '틀림'을 논하는 것은 매우 복잡하다. 이러한 문제들은 절대적인 정답이 없으며, 다양한 해석과 접근이 가능하기 때문이다.

사람들은 흔히 자신의 의견을 옳다고 믿고, 상대의 의견을 틀렸다고 생각하는 경향을 보인다. 이는 인간의 인지 편향 중 하나로, 자신이 아는 것에 대해 과도한 자신감을 가지는 경향에서 비롯된다. 그러나 이러한 태도는 사회적 갈등과 분열을 초래할 수 있다. 서로 다른 의견을 가진 사람들을 틀렸다고 규정하는 것은, 그들의 경험과 가치를 부정하는 것이기 때문이다. 다름을 인정하는 것은 곧 상대방의 존재를 인정하는 것이며, 이는 상호 존중과 이해의 바탕이 될 수 있다.

우리는 의견의 다양성을 존중해야 한다. '나는 맞고 상대는 틀리다'라는 논리는 끝없는 괴리만을 초래할 뿐이다. 다름을 인정하고 존중하는 태도를 통해 서로의 경험과 가치를 이해하려는 노력이 필요하며, 이는 개인과 사회의 조화와 발전에 긍정적인 영향을 미칠 것이다.

기억하는 자기

　'기억하는 자기'라는 개념은 이스라엘의 심리학자인 다니엘 카너먼 (Daniel Kahneman)이 제안한 이론으로, 우리의 경험과 기억이 어떻게 다르게 작용하는지를 설명한다. 이 논리는 경험하는 자와 기억하는 자, 두 가지 자아로 나뉜다. 경험하는 자는 현재 순간의 감각과 감정을 경험하며, 기억하는 자는 과거의 경험을 회상하고 평가한다. 흥미로운 점은, 우리는 대부분의 결정을 내릴 때 '경험하는 자'보다는 '기억하는 자'의 평가에 의존한다는 것이다.

　'기억하는 자기'는 특정 순간의 경험보다는 그 경험을 어떻게 기억하는지가 더 중요하다는 점을 강조한다. 기억은 종종 왜곡되거나, 특정 부분이 주목받기 쉽다. 예를 들어, 휴가가 대체로 즐거웠더라도 마지막 날의 불쾌한 경험이 전체 기억을 부정적으로 만들 수 있다. 이는 인생의 만족도와 성과에 큰 영향을 미친다. 인생에서 자기 신뢰와 성과를 높이는 방법에는 다음과 같은 몇 가지가 있다. 첫째는, 긍정적인 기억 만들기이다. 경험하는 순간에 긍정적인 감정을 더 많이 느끼도록 노력해야 한다.

좋은 경험을 만들기 위해 의도적으로 노력하고, 이를 강화하는 활동을 지속해야 한다.

둘째는, 중요한 순간 강조하기이다. 우리의 기억은 특히 중요한 순간과 전환점에 의해 크게 영향을 받는다. 성취감을 느낀 순간을 강조하고, 이를 자주 떠올리는 것이 필요하다. 이러한 순간을 사진이나 글로 기록하면 기억을 강화하는 데 도움이 된다.

셋째는, 경험의 의미 부여하기이다. 경험을 단순히 소비하지 않고, 그것에 의미를 부여하는 것이 중요하다. 어떤 경험을 통해 무엇을 배웠는지와 어떻게 성장했는지를 되새기면, 기억하는 자기는 더 긍정적이고 강력한 의미로 쓰이게 된다.

넷째는, 일관된 자기 대화 유지하기이다. 자기 신뢰를 높이기 위해서는 긍정적이고 일관된 자기 대화가 필요하다. 스스로에게 친절하고 격려하는 말을 자주 하며, 실패나 실수를 배움의 기회로 받아들여야 한다. 이러한 자기 대화는 기억을 긍정적으로 재구성하는 데 도움을 준다.

'기억하는 자기'는 우리의 경험을 어떻게 받아들이고 평가하는지가, 인생의 만족도와 성과에 큰 영향을 미친다는 것을 알려준다. 긍정적인 기억을 만들고 중요한 순간을 강조하며, 경험에 의미를 부여하고 일관된 자기 대화를 유지하는 방법을 통해 자기 신뢰와 성과를 높일 수 있다.

We Make Pride

"We Make Pride"는 내가 매일 아침 들르는 휘트니스 센터의 출입구에 붙어 있는 문구이다. 이 문구는 운동을 통해 정신과 육체의 건강을 유지함으로써, 결국 자신감을 얻을 수 있다는 의미로 해석된다. 그러나 이러한 자신감을 얻기 위해서는 꾸준한 운동과 같은 노력이 뒷받침되어야한다. 고통과 시간이 수반되어야 운동이 효과를 발휘하는 법이다. 이는 다이어트나 근육 증가와 같은 육체적 개선뿐만 아니라, 긍정적인 마음가짐 또한 포함하는 자신감으로 이어질 수 있다.

꾸준함과 성실한 자세로 노력할 때 비로소 우리는 정신적 육체적 자신감을 얻을 수 있다. 운동을 예로 들면, 처음에는 힘들고 지루할 수 있지만, 꾸준히 이어가는 과정에서 점차 체력의 향상과 몸의 변화를 느낄 수 있다. 이러한 작은 성취들이 모여 자신감을 쌓아가는 기반이 된다. 단순한 육체적 변화뿐만 아니라, 정신적인 안정감과 자긍심을 만든다.

직장 생활에서도 이와 같은 원리가 적용된다. 직장 생활을 단순히 돈을 벌기 위한 과정으로 생각하고, 하루하루 마지못해 주어진 일을 처리

한다면 자신감을 얻는 것은 요원할 수 있다. 반면, 직장에서의 도전과 성장을 위해 일부 희생과 고통을 감수하며 노력한다면, 성과를 내는 과정에서 자연스럽게 자신감이 생겨날 것이다. 이는 직무 수행 능력뿐만 아니라, 자신에 대한 믿음과 자긍심을 함께 키워준다.

자신감은 단순히 가시적인 성과로부터 오는 것은 아니다. 자신이 목표를 향해 꾸준히 노력하고 있다는 사실 자체가 자신감을 키운다. 이는 자존감과도 깊은 연관이 있으며, 자신의 노력을 통해 이루어진 성취는 그 어떤 외부의 인정보다도 강력한 자신감의 원천이 된다.

노력의 과정은 때로는 고통스럽고 시간이 오래 걸릴 수 있다. 하지만 이러한 과정을 통해 우리는 성장하고, 이를 통해 자신감을 얻는다. "We Make Pride"라는 문구는 이러한 진리를 설명할 때 쓰일 수 있다. 이는 단순한 운동을 넘어서, 삶의 모든 영역에서 적용될 수 있는 원칙이다.

결국, 우리는 꾸준함과 성실함을 통해 노력할 때 비로소 진정한 자신감을 얻을 수 있을 것이다. 작은 성취들이 쌓여 큰 자신감을 만들어내는 과정을 겪으며, 우리는 더 나은 자신으로 성장할 수 있다. 이러한 성장의 과정에서 느끼는 자부심과 자신감은, 우리를 더욱더 긍정적이고 능동적인 삶으로 이끌어줄 것이다.

인생은 자전거를 타는 것과 같다

　인생은 자전거를 타는 것과 같다. 자전거는 페달을 밟지 않으면 넘어진다. 구르기 시작하면 쉼 없이 페달을 밟아야 한다. 내리막길에서는 잠시 페달을 밟지 않아도 되지만, 오르막길에서는 더욱 힘껏 밟아야 한다. 그렇지 않으면 넘어진다. 인생도 마찬가지라 생각한다. 이미 시작한 인생, 우리는 쉼 없이 페달을 밟으며 앞으로 나아가야 하는 것이다.

　내리막길은 인생의 순탄한 시기를 상징한다. 이 시기에는 잠시 페달을 밟지 않아도 속도가 붙어 자연스럽게 앞으로 나아갈 수 있다. 이러할 때는 기운을 회복하고, 다음 오르막길을 준비하는 시간이다. 내리막길은 우리에게 여유와 재충전의 기회를 준다. 하지만 여기서 안주하면 안된다. 내리막길이 끝나면 반드시 오르막길이 찾아오기 때문이다.

　오르막길은 인생의 도전과 역경을 의미한다. 이때는 더욱 힘껏 페달을 밟아야 한다. 그렇지 않으면 자전거는 금세 멈추고, 우리는 다시 일어서기 힘든 좌절을 맞이할 수 있다. 오르막길에서 쏟는 노력은 우리의 힘과 인내를 시험한다. 이러한 고비를 넘기며 우리는 더욱 강해지고 성숙해질 것이다.

때로는 포기하고 싶고, 때로는 힘들지만, 인생의 자전거는 멈출 수 없다. 우리는 멈추기에는 이미 너무 멀리 왔고, 돌아가기에는 너무 많은 것을 배웠다. 페달을 밟으며 앞으로 나아가는 과정에서 우리는 인생의 다양한 경험을 쌓고 성장하게 된다. 그 과정에서 우리는 자신만의 속도와 리듬을 찾게 될 것이다.

또한, 인생의 자전거를 타는 동안 우리는 균형을 잡기 위해 끊임없이 노력해야 한다. 앞을 주시하며 방향을 잃지 않고, 넘어지더라도 다시 일어나야 한다. 인생의 여정은 끝없이 반복되는 내리막과 오르막의 연속이다. 이러한 여정을 통해 우리는 더 강하고, 더 지혜로운 사람이 될 것이다.

결국, 인생은 자전거를 타는 것과 같다. 페달을 밟으며 앞으로 나아가야 한다. 내리막길과 오르막길이 반복되며 우리는 더 먼 길을 가게 된다. 멈추지 않고, 포기하지 않으며, 쉼 없이 나아가는 것이 바로 인생의 진정한 의미일 것이다. 이 과정에서 우리는 자신을 발견하고, 성장하며, 인생의 참된 가치를 깨닫게 될 것이다.

"Life is like riding a bicycle. To keep your balance, you must keep moving." - Albert Einstein

출산의 고통이 있기에 산모는 위대하다

"출산의 고통이 있기에 산모는 위대하고 아기는 소중합니다." 몇 달 간의 입찰 기간이 지나고, 기술 제안 발표회에 참석한 시공사 직원들한 테 해 준 말이다. 입찰을 많이 해 본 나는 대개 입찰 제출 이삼일 전부터 입찰팀이 밤을 새운다는 것을 잘 알고 있다. 석 달이든 여섯 달이든, 입 찰 기간이 아무리 여유가 있어 보여도, 제출 막바지에는 항상 시간이 부 족하다. 우스갯소리로 입찰은 항상 2주가 부족하다고 한다. 입찰을 제출 한다는 것은 출산과 같다. 고통이 따른다. 그렇기에 입찰팀은 산모처럼 위대하다고 생각한다. 그리고 결과물인 입찰서는 아기처럼 소중하다.

출산의 고통은 여성에게 특히나 큰 과제이며, 그 고통을 이해하고 존 중하는 것은 매우 중요하다. 이는 단순한 신체적 고통을 넘어선 정신적, 감정적 도전이기도 하다. 입찰팀 역시 항상 시간이 부족하다는 압박감 을 안고 일하는데, 이는 출산의 고통과 비슷한 면이 있다. 입찰팀의 노력 을 위대하게 생각하고, 그들이 만들어내는 입찰서를 소중하게 여겨야 한 다고 생각한다. 입찰서는 그 자체로 중요한 산물이며, 아기처럼 소중한 존재로 여겨져야 한다.

　모든 일에 있어서 온 힘을 다해 노력하는 것은 매우 중요하다. 출산의 고통을 견디고 아이를 낳는 것은 어머니의 위대한 행위이다. 마찬가지로 제출 마감에 맞추어 노력하여 만들어내는 입찰서는 중요한 존재로 여겨져야 한다. 위대한 노력과 그 결과물은 항상 소중하며, 이를 통해 조직은 성취감을 얻을 수 있다.

　이러한 관점에서, 우리는 우리 모두의 노력을 위대하게 생각하고, 우리가 만들어내는 결과물을 소중하게 여기는 자세를 가질 필요가 있다. 출산의 고통과 유사한 경험을 통해, 우리는 모든 일에 최선을 다해 노력하는 것이 얼마나 중요한지를 깨닫게 된다. 마지막에는 그 고통과 결과물에 따른 성취감을 느낄 수 있어야 한다.

　출산 과정에서 어머니가 느끼는 성취감과 기쁨은 이루 말할 수 없다고 한다. 마찬가지로, 입찰팀이 마감일을 맞추기 위해 밤낮으로 노력하고, 최종적으로 입찰서를 제출했을 때 느끼는 성취감도 대단하다. 이러한 과정은 팀워크와 개인의 헌신이 합해져야만 가능한 일이다. 우리는 이 노력을 인정하고, 그 결과물을 소중히 여기는 문화를 만들어야 한다. 이처럼 서로의 노력을 존중하고 인정하는 태도가, 결국 더 나은 조직과 사회를 만드는 밑거름이 될 것이라고 믿는다.

프리콘의 생활화

'프리콘(Precon)'은 Pre-construction의 줄임말이며, 미국에서 도입된 건설 사업 수행 기법의 하나이다. 사업 기획 단계나 설계 단계에서부터 시공사가 참여하여, 설계를 최적화하고 시공 계획을 수립하는 기법이다. 전통적인 건설 사업 수행 방식은 발주자가 설계자를 선정하여 설계를 완료하고, 이를 기초로 시공사를 선정하여 건설을 수행하는 것이었다. 이렇다 보니 시공성 고려가 부족한 설계가 진행될 수 있고, 이에 따라 건설 수행 단계에서 시공사에 의한 설계 변경이 잦아지고 이후 계약 분쟁까지 이르는 경우가 많았다. 프리콘은 설계 단계에서부터 시공사가 참여하여 설계를 최적화함으로써, 보다 실질적인 설계 품질을 기대할 수 있고, 향후의 계약 분쟁도 줄일 수 있다는 기대에서 출발했다.

프리콘이 생소한 사람들이 내게 프리콘이 무엇이냐고 물으면, "프로젝트 이해관계자가 사업 초기부터 함께 모여, 집단 지성을 발휘해서 설계와 시공을 최적화하는 것이다."라고 대답한다. 초기부터 모여서 집단 지성으로 최적화하는 것이다. 먼저 생각하고 먼저 검토하여 최적화하자는 것이다.

특히, 어떠한 일을 할 때 먼저 검토하고 고민한 후 실행하는 태도는 많은 이점을 준다. 나는 운전을 하기 전에 익숙한 길이라도 항상 지도 앱에서 경로를 탐색한 후 출발하는 습관을 갖고 있다. 예기치 않은 교통 상황이나 도로 공사와 같은 정보를 미리 파악한다. 아는 길도 출발하기 전에 검토해 보는 것이다. 머릿속에 지도를 그려 놓고 계속 확인한다.

이러한 습관을 '프리콘(Precon)의 생활화'라고 부를 수 있다. 프리콘은 사전 검토와 준비를 의미하기에, 다양한 상황에서 우리의 삶을 더 효율적이고 안전하게 만들어준다. 예를 들어, 중요한 업무를 시작하기 전에 충분한 자료를 조사하고, 계획을 세우는 것 또한 프리콘의 일환이다. 이는 업무의 성공률을 높이고, 문제 발생 시에도 신속하게 대응할 수 있게 해준다.

프리콘을 이야기할 때 내가 항상 인용하는 인물이 프로메테우스이다. 프로메테우스(Prometheus)는 '먼저'를 의미하는 'pro'와 '생각이나 고민'을 의미하는 '메테우스(metheus)'가 합쳐져서 '먼저 생각하는 사람'이라는 의미를 지닌다. 나중에 생각하는 에피메테우스(Epimetheus)보다는 미리 생각하는 프로메테우스를 닮아서, 프리콘을 생활화하는 것이 더욱 효율적인 삶을 이어갈 수 있게 해줄 것 같다.

It ain't over till it's over

　"오늘만은 내가 패배자다. 그렇지만 끝날 때까지 끝난 게 아니다." 입찰 기간 중 신뢰와 진정성을 보였던 시공사가 밀려나고, 다른 시공사에 우선 협상권이 주어진 날, 집 근처 식당에서 술을 마시며 했던 말이다. "패배한 것은 오늘만이고, 반드시 결과를 바꾼다. 두고 보자. 할 수 있다." 라고 다짐했다. 결국 그로부터 3개월 만에 시공사를 교체할 수 있었다. 그날 포기하지 않겠다고 다짐했고, 그 이후 치밀하게 전략을 세워서 결국 내가 원하는 바를 이뤘다.

　직장 생활은 물론이고 인생을 살아가면서도, 원하지 않은 결과를 받아들이거나 포기하고 싶을 때가 있을 것이다. 그렇지만 "끝날 때까지 끝난 게 아니다"라는 각오로 포기하지 않고 노력하면, 원하는 결과를 얻을 수 있으리라고 믿는다.

　인생은 예측 불가능한 도전과 역경의 연속이다. 때로는 노력한 만큼의 보상이 따르지 않고, 뜻밖의 좌절을 경험하기도 한다. 그러나 그 순간에 포기하지 않고 끝까지 노력하는 자세가 중요하다고 생각한다. 포기하지 않는 사람만이 결국 목표를 달성할 수 있다. 이는 단지 개인의 신념을 넘어서, 우리 모두에게 적용되는 진리이다.

어려운 상황에서 포기하지 않고 계속해서 노력하는 사람은 결국 기회를 다시 얻는다. 그것이 직장에서의 프로젝트이든 개인적인 목표이든, 중요한 것은 포기하지 않는 의지다. 나는 그날 식당에서 다짐했다. 포기하지 않겠다고. 그리고 그 다짐을 지키기 위해 하루하루 치밀하게 계획을 세우고 실행에 옮겼다. 3개월 뒤 결국 나는 목표를 이뤘다.

포기하지 않는다는 것은 단순한 의지의 표현이 아니다. 그것은 계획하고, 행동하며, 끊임없이 개선해 나가는 과정이다. 패배를 인정하더라도, 그것을 끝으로 여기지 않고 새로운 출발점으로 삼는 것이 중요하다. 이렇게 포기하지 않고 노력한 결과는 결국 달콤한 성공으로 이어진다.

끝날 때까지 끝난 게 아니다. 이 말은 단지 위로의 말이 아니라, 행동으로 옮겨야 할 진리이다. 오늘의 실패가 내일의 성공으로 이어질 수 있다는 믿음과 함께, 우리는 끊임없이 노력하고 나아가야 한다. 그러면 어느 순간 우리는 자신이 원하는 목표에 도달해 있을 것이다. 그러니, 포기하지 말자. It ain't over till it's over!

후반 43분

축구 경기가 후반 43분에 이르렀고, 우리 팀은 크게 뒤지고 있다. 대부분의 관중은 이미 패배를 예상하며, 일부는 경기장을 떠나거나 응원마저 소홀히 한다. 그러나 이 절망적인 순간, 감독은 깜짝 선수 교체를 단행한다. 지금까지 벤치에서 대기하고 있던 후보 선수에게 기회가 주어진 것이다.

후보 선수는 그동안 벤치에서 경기를 지켜보며 출전의 기회를 기다렸다. 물론, 지금부터 분마다 골을 넣는다고 해도 경기 결과를 뒤집을 수는 없겠지만, 그는 모든 힘을 다해 경기에 임한다. 이 선수는 감독의 믿음에 보답하고자, 그리고 주어진 소중한 기회를 최대한 활용하고자 최선을 다한다.

관중들은 이 선수에게 큰 기대를 하지 않는다. 그저 패배가 확실시되는 경기에서 후보 선수를 내보내, 경기 감각을 익히게 하려는 것으로 생각한다. 하지만, 이 선수에게는 그 경기가 자신의 모든 것을 발휘해야 하는 절체절명의 기회이다. 아무도 기대하지 않는 상황에서도 그는 전력을 다해 경기에 임한다.

우리의 삶도 이와 비슷하다고 생각한다. 때로는 누군가에게 의미 없어 보이는 순간이, 우리에게는 절박한 기회일 수 있다. 후반 43분에 교체되는 이 선수처럼, 우리에게는 언제 어떤 기회가 찾아올지 모른다. 주류에 끼지 못하고, 지고 있는 경기에 교체 투입되는 것처럼 보일지라도, 그 기회는 우리의 모든 것을 쏟아부어야 할 소중한 순간이기 때문이다.

사회생활에서도 마찬가지일 수 있다. 선발 선수에 끼지 못하고, 패배가 확실시되는 상황에서 교체 투입되는 선수와 같은 입장일 수 있다. 그러나 그 순간을 놓치지 않고 최선을 다하는 것이 중요하다. 누군가에게는 의미 없어 보일지라도, 그 순간은 우리에게는 절박하고 소중한 기회일 수 있기 때문이다.

삶과 직장 생활에서 후반 43분에 교체되는 선수처럼, 최선을 다해 임하는 자세가 필요하다. 매 순간이 우리에게는 후반 43분의 교체 기회일 수 있으며, 그 시간을 소중히 여기고 최선을 다해야 할 것이다. 기회는 언제나 소중하며, 그 순간을 어떻게 활용하느냐가 우리의 미래를 결정지을 수 있기 때문이다.

마음의 평화

　천주교의 미사 예식 중에 '평화의 인사'를 나누는 순서가 있다. 영성체를 준비하면서 예수님께서 수난 전날 제자들에게 하신 말씀으로 시작된다. "너희에게 평화를 두고 가며 내 평화를 주노라."라는 신부님의 말씀 이후 "평화의 인사를 나누십시오." 하면, 서로 마주 보며 "평화를 빕니다."라고 인사한다. 서로 포옹하거나 악수를 하기도 한다. 천주교 신자들은 다른 신자의 집에 방문할 때, 현관을 들어서면서 "이 가정에 평화를 빕니다."라고 인사한다.

　이러한 인사말 속에는 단순한 인사 이상의 깊은 의미가 담겨 있다고 생각한다. 평화는 단순히 전쟁이나 갈등이 없는 상태를 의미하는 것이 아니다. 이는 마음의 평온과 안식을 포함하며, 진정한 행복을 위한 필수적인 요소이다. 살아가면서 우리는 많은 것들을 추구한다. 물질적인 풍요, 성공, 인정 등 여러 가지가 있지만, 그 무엇도 마음의 평화 없이는 온전한 만족을 가질 수 없다.

　육체의 쾌락이나 일시적인 즐거움이 주는 행복은 순간적일 뿐이다. 마음이 불안하거나 걱정이 있으면, 이러한 쾌락은 그저 빈 껍데기에 불과하다. 마음의 평화가 없다면 우리는 진정한 행복을 누릴 수 없다. 마음의 평화는 내면의 안정감과 균형을 이루게 하며, 우리를 더 나은 사람으로 성장하게 한다.

마음의 평화를 이루기 위해서는 몇 가지 중요한 요소가 필요하다. 첫째, 우리는 현재의 순간을 살아가는 법을 배워야 한다. 과거의 후회나 미래의 불안에 사로잡히지 않고, 지금 이 순간에 집중하는 것이 중요하다. 둘째, 자기 자신을 사랑하고 받아들이는 태도가 필요하다. 자기 자신을 비판하거나 낮추는 것이 아니라, 있는 그대로의 자신을 인정하고 사랑하는 것이 마음의 평화를 가져온다. 셋째, 타인과의 건강한 관계를 유지하는 것이 중요하다. 서로에게 평화를 빌고, 이해와 존중을 바탕으로 한 관계는 마음의 안정을 도모한다.

천주교 미사에서 나누는 '평화의 인사'는 이러한 마음의 평화를 상기시키는 중요한 순간이다. 이는 단순한 종교적 의식이 아니라, 우리 삶에서 평화를 추구하고 실천하는 하나의 방법이다. 우리는 서로에게 평화를 빌며, 마음의 평화를 통해 진정한 행복을 추구해야 한다. 이러한 작은 인사말 속에 담긴 깊은 의미를 이해하고 실천하는 것이, 우리 삶을 더 풍요롭고 행복하게 만드는 길이라고 생각한다.

긍정문을 사용한다

긍정문은 걱정과 두려움을 없애고, 긍정적인 생각과 행동 습관을 강화하는 강력한 도구이다. "나는 내가 좋다."와 같은 문장은 긍정적이고 현재형이며 개인적인 표현이다. 이러한 긍정문은 우리의 확신을 높이고 강한 긍정적인 감정을 담아, 우리의 삶을 긍정적으로 변화시킬 수 있다.

우리는 종종 부정적인 생각에 사로잡히기 쉽다. 어려운 상황에 직면했을 때, 자신을 비난하거나 자신의 능력을 의심할 때가 있다. 하지만, 이러한 부정적인 생각은 우리를 더욱 불안하게 만들고, 문제를 해결하는 데 방해가 될 수 있다. 그래서 우리는 긍정문을 사용하여 이러한 부정적인 생각을 극복하고, 긍정적인 마음가짐을 유지할 필요가 있다.

긍정문은 우리의 마음과 태도를 변화시키는 데 도움이 된다. 긍정적인 생각과 감정은 우리가 일상적인 문제나 어려움을 극복하는 데 도움이 된다. 예를 들어, "나는 모든 어려움을 극복할 수 있다."라는 긍정문은 우리의 자신감을 높이고, 마주한 도전에 대처하는 데 도와줄 수 있다.

우리는 자주 반복되는 생각과 언어로부터 영향을 받는다. 그렇기에 긍정문을 반복함으로써 긍정적인 생각과 행동 습관을 강화할 수 있다. "나는 강하고 자신감이 있다."라는 긍정문을 반복함으로써, 우리의 자신감을 높일 수 있다.

또한, 긍정문은 우리의 목표를 달성하는 데 도움이 된다. 우리가 긍정적으로 자신의 능력을 믿고 목표를 설정하고, 이를 이루기 위해 노력할 때, 우리는 더 많은 성취를 경험할 수 있을 것이다. "나는 할 수 있다."라는 긍정문은, 우리의 목표를 이루기 위한 자신감을 높이고, 우리가 힘들 때 우리를 격려할 수 있다.

마지막으로, 긍정문은 우리의 삶에 행복과 만족을 가져다준다. 우리가 긍정적인 생각과 감정을 가지고 살면, 우리는 자연스럽게 더 행복하고 만족스러운 삶을 살 수 있을 것이다. "나는 내 삶에 감사하며 행복하다."라는 긍정문은, 우리가 우리의 삶에 주의를 기울이고 감사함을 느끼도록 도와줄 수 있다.

긍정문을 사용하여 우리는 생각과 태도를 긍정적으로 변화시키고, 더 나은 삶을 살아갈 수 있다. 우리가 긍정적인 생각과 감정을 가지고 살면, 우리 능력을 최대한 발휘하고 더 큰 성취를 경험할 수 있을 것이다.

조금씩 익어갑니다

"우린 늙어가는 것이 아니라 조금씩 익어가는 겁니다." 운전 중 라디오에서 흘러나오는 노래의 가사가 문득 가슴에 와 닿았다. 흔히 사람들은 나이를 먹는 것을 '늙어간다'라고 표현하며, 이는 쇠퇴와 부정적인 변화를 연상시킨다. 하지만, 이 가사는 나이를 먹는 것을 새로운 시각으로 바라보게 한다. 나이를 먹는다는 것은 단순히 늙는 것이 아니라, 점점 더 성숙하고 현명해지는 과정임을 깨닫게 해준다.

우리가 삶을 어떻게 바라보느냐에 따라, 나이에 대한 인식도 달라질 수 있다. 나이를 먹으면서 자연스레 찾아오는 변화를 긍정적으로 받아들이는 태도가 중요하다. 이는 단순히 마음가짐의 문제를 넘어, 우리의 일상과 삶의 질을 크게 높일 수 있다. 매 순간을 긍정적으로 바라보고, 더 나은 삶을 위해 노력하는 자세는 우리를 더욱 성숙하게 만들어준다.

지나가는 시간은 우리에게 다양한 경험을 선사한다. 그 경험들은 때로는 도전적이고 어려울 수 있지만, 그것을 통해 우리는 더욱 현명해지고 인생의 깊이를 더해갈 수 있다. 시간은 우리를 단순히 늙게 만드는 것이 아니라, 우리가 더 나은 사람이 될 기회를 제공한다. 따라서 나이를 먹는다는 것을 단순히 부정적으로만 보지 말고, 자신을 더 나은 방향으로 이끄는 성장의 기회로 바라보아야 한다고 생각한다.

나이를 먹으면서 우리는 더 많은 것을 배우고, 더 깊은 이해와 통찰력을 얻게 된다. 이는 우리가 삶의 여러 측면에서 더욱 성숙해질 수 있도록 도와준다. 젊은 시절의 열정과 에너지도 중요하지만, 나이가 들어감에 따라 얻는 지혜와 성찰 역시 삶을 풍요롭게 만드는 중요한 요소이다.

결국, 우리는 늙어가는 것이 아니라 조금씩 익어가는 것이다. 익어가는 과정은 우리의 삶을 더욱 깊고 풍요롭게 만들어준다. 긍정적인 마음가짐과 끊임없는 자기계발은, 나이를 먹는 과정을 더욱 의미 있게 해줄 것이기 때문이다.

우리는 매일 조금씩 익어가는 과정을 통해, 더 많은 것을 배우고 더 깊이 있는 삶을 살아갈 수 있도록 노력해야 한다. 나이를 먹는 것은 단순히 시간을 보내는 것이 아니라, 더 나은 자신을 만들어가며 익어가는 과정이다. 이 과정에서 우리는 삶의 진정한 의미를 깨닫고, 매 순간을 더욱 소중하게 여길 수 있게 될 것이다.

만년필을 고집하며

만년필은 나의 일상 속 작은 행복의 조각이다. 그 속에서 나는 시간을 되돌아가듯 고요함과 안정감을 느낀다. 손으로 글을 쓸 때마다, 고요한 새벽 숲속을 혼자 걷는 것 같은 느낌이 든다. 펜촉이 종이를 긁는 소리는 마치 숲속의 조용한 바람 소리와 같다. 그 속에서 나는 마음을 가라앉히고, 주변의 소음과 잡념을 잊고 나만의 시간을 보낸다.

잉크병을 열고 카트리지를 돌려 잉크를 채울 때의 설렘은, 마치 새로운 여행을 준비할 때와 같다. 그 순간, 새로운 여행에 대한 기대와 호기심이 가득 차 온몸으로 설레는 기분을 느낀다.

만년필은 나에게 컴퓨터보다 더 깊은 의미를 부여한다. 내 생각과 감정을 컴퓨터 키보드가 아닌 글씨로 표현하는 것은, 마치 내 안의 세계를 탐험하는 것과 같다. 그리고 그것이 종이에 펼쳐지는 순간, 나의 이야기가 새롭게 탄생한다. 이런 작은 순간들이 나에게는 큰 행복을 선사한다. 만년필을 접한 이후로 지금까지 잉크는 몽블랑의 Royal Blue 색상만 쓴다. 파란색 잉크는 문서에서 나름의 존재를 드러낸다. 까만색 글자들 사이에서 마치 무지개처럼 색감을 뽐낸다. 여명이 드리운 바다에 해가 떠오르고, 검은 바닷물이 파랗게 변하는 느낌이다. 서류에 의견을 적거나 수정하고 나면, 원래 인쇄되어 있던 글씨들과 내 글씨들이 한눈에 구별된다. 나도 그 문서에 알아볼 수 있게 흔적을 남긴 것이다.

그리고 파란색은 마음을 차분하게 만든다. 누군가 만든 이 서류에 내 흔적을 남김에 있어서, 거칠거나 과하게 관여하고 싶지 않게 만든다. 유일하게 과감해지는 순간은 서명할 때다. 이 서류에 원래부터 있었던 내용과, 내가 추가한 사항들에 대해 최종적으로 내가 책임을 지겠다는 서명을 한다. 과감하게 서명한다. 서명을 끝내고 흐뭇하게 내려다본 적이 많다. 내가 최종적으로 책임을 지겠다는 자신감을 마음껏 표현했기 때문이다.

이렇게 만년필은 나에게는 단순한 필기도구가 아니라, 나만의 작은 세계를 만들어주는 특별한 동반자이다. 그 속에서 나는 나 자신과 소중한 대화를 나누며, 삶의 여정을 더욱 깊이 있게 느낄 수 있게 된다. 이것이 30년 가까이 만년필만 고집하는 이유이다.

에필로그

넉 달에 걸쳐서 쓴 《건설 영어 약어 사전》을 2024년 4월에 출간했다. 책을 쓰게 된 동기는 그동안 내가 국내외 건설 업무를 수행하면서 배우고 익힌 지식과 경험을 기록해 두고 싶다는 것이었다. 건설 업무를 수행하면서 용어에 대한 공통된 이해가 필요하다는 생각도 했었다.

책을 쓰기 시작한 것은 2023년 12월 무렵이었지만 용어들의 리스트는 이전에 많이 만들어 놓았다. 해외 업무를 20여 년 가까이 수행하면서 수많은 영어 약어를 접할 수 있었는데, 그 약어들을 엑셀 파일에 정리하면서 대략적인 개념들만 적어 놓았다. 필요할 때 찾아보기도 하고 새로운 약어를 접하면 리스트에 추가하면서 계속 관리를 해 왔다. 포털 검색을 이용할 때 검색 결과에 있는 다른 약어들도 같이 보면서 필요하다고 판단되면 추가하곤 했다.

책을 막상 쓰려고 하니 약어별로 몇 단어 수준으로 정리한 리스트와는 완전히 다른 세상을 접할 수 있었다. 서술을 해야 하는 것이다. 그리고 그 약어의 정확한 개념을 이해해야 하는 것이다. 건설 일반 용어나 계약 용어는 그럭저럭 정리할 수 있지만, 설비 전기 통신 용어들까지 정리할 욕심이 있다 보니 어려움이 많았다. 혹시 틀린 개념을 적용하고 있는지 확인하기 위해 수많은 검색을 해야 했다. 그렇게 설명이 완성된 약어가 천 개가 넘었다. 계속 양을 늘려가려고 하다가 4월 초에 생각을 접었다. 일단 그때까지 완성된 자료로 책을 끝내자는 것이었다. 나중에 개정판 증보판을 내면 되는 것이다. 그렇게 초판이 완성되었다.

책 제목을 두고 계속 고민하다가 '사전'으로 결정했다. 용어 해설집, 약어집, 용어 설명 등 많은 제목을 두고 고민하다가 사전으로 결정했다. 기왕 책을 쓰면서 사전을 썼다는 자부심을 느끼고 싶었다. 방대한 자료를 집대성했는데 사전이라고 불릴 만하다고 생각했다.

다음은 그 책의 프롤로그이다.

"책을 쓰고 싶었다. 기록을 남겨두고 싶었다. 지금까지 국내외 건설 업무를 수행하면서 얻은 경험과 지식은, 기록의 형태로 남겨지지 않으면 나만 가지고 있는 정보에 불과하기 때문이다. 나 이외의 사람들에게 공유되지 않는다면, 나중에는 존재조차도 알기 어려운 정보가 될 수 있다. 사람들에게 일일이 설명하거나 자료를 보여준다고 해도, 이는 극히 제한적인 정보의 공유일 수밖에 없다. 정보와 자료를 체계적으로 정리하여 설명하기 위해서는 책이 강력한 도구가 될 수 있다고 생각했다. 체계적으로 정보를 정리하고 기록하며, 평소에 꿈꾸어 왔던 기록 관리 전문 가이자 정보 관리자인 'Archivist'가 되고 싶었다.

나는 운이 좋은 사람이라고 생각한다. 국내는 물론 해외 건설을 경험하였고, 시공 계약 설계 견적 업무를 수행하였다. 데이터센터 사업을 관리하면서 정보 통신 기술과 사업 관리를 경험할 수 있었다. 이러한 경험들이 오늘의 나를 만들었고, 이를 기반으로 업무를 수행하며 경험들을 기록할 수 있다고 생각한다. 이제는 후배들을 육성하며 내가 가진 지식 자산을 기록으로 남겨두고 싶었다.

해외 건설은 물론이고 국내 건설 사업에서도 영어 약어 사용은 피할 수 없다. 소통은 말과 글을 통해서 이루어진다. 전문적인 정보들을 주고받을 때는 영어 약어를 사용함으로써 더욱 효율적으로 소통할 수 있을 것이다. 경험과 지식이 풍부한 사람은 웬만한 약어를 접할 때, 그것이 무엇을 의미하는지 이해할 수 있을 것이다. 그렇지만 그 약어가 무엇을 의미하는 것인지 알지 못하는 이에게는 암호에 불과할 것이다. 약어의 정의에 대한 공통된 이해가 선행되어야 의사소통도 효율적으로 진행될 수 있는 것이다.

이 사전에서는 해당 약어가 어떠한 의미를 지니고 있는지 쉽게 이해할 수 있게 개념만 설명하였다. 약어의 정의와 간략한 해설 수준인 것이다. 이 사전을 통해 약어들에 대한 개념만 이해하고, 상세한 의미와 전문 지식을 파악하는 것은 독자의 몫으로 남겨 놓는다. 또한 이 사전을 통해 처음 접하게 되는 약어도 있을 것이므로, 새로운 지식을 습득하는 계기가 될 수 있을 것이다.

챕터 1부터 7까지에는 건설 산업에서 일반적으로 사용되는 약어들이 포함되어 있다. 그 중 챕터 6과 7의 기계 전기 기술 약어들은 데이터센터의 시스템 위주로 정리하였다. 챕터 8 정보 통신, 챕터 9 데이터센터, 챕터 10 사업 관리 약어들은, 데이터센터 사업 관리를 위해 필요하다고 판단되어 추가하였다.

아는 만큼 경험한 만큼 의도한 만큼, 알아듣고 읽고 말하고 쓸 수 있다는 것이 나의 평소 지론이다. 이 사전을 읽는 이들이 건설과 데이터센터에 대해서 조금이라도 더 알게 되고, 간접적으로나마 경험할 수 있었으면 한다.

김훈 작가는 목련이 지고 나면 봄은 다 간 것이라고 했는데, 목련이 지기 전에 책을 완성할 수 있어서 기쁘다. 글을 쓸 수 있어서 행복했다. 글을 계속 쓸 생각에 가슴이 설렌다.   2024년 4월"